上・中級公務員試験

過去問 ダイレクトナビ

物理・化学

JN058890

資格試験研究会◎編
実務教育出版

「過去問ダイレクトナビ」刊行に当たって

　実務教育出版に寄せられる公務員試験受験者からの感想や要望の中には

「問題と解説が離れていると勉強しづらい！」
「書き込みできるスペースがほしい！」
「どこが誤りなのかをもっとわかりやすく示してほしい！」

というものが数多くあった。

　そこで，これらの意見を可能な限り取り込み，

「問題にダイレクトに書き込みを加えて，解答のポイントを明示する」

というコンセプトのもとに企画されたのが，この「過去問ダイレクトナビ」シリーズである。

「過去問ダイレクトナビ」のメリット

★ 問題の誤っている箇所を直接確認できるうえ、過去問からダイレクトに知識をインプットできる。

★ すでに正文化（＝問題文中の誤った記述を修正して正しい文にすること）してあるので、自ら手を加えなくてもそのまま読み込める。

★ 完全な見開き展開で問題と解説の参照もしやすく、余白も多いので書き込みがしやすい。

★ 付属の赤いセルシートを使うと赤色部分が見えなくなるので、問題演習にも使える。

　……このように，さまざまな勉強法に対応できるところが，本シリーズの特長となっている。

　ぜひ本書を活用して，あなたなりのベストな勉強法を確立してほしい！

資格試験研究会

試験名の表記について

- 国家総合職・国家Ⅰ種 ……… 国家公務員採用総合職試験, 旧国家公務員採用Ⅰ種試験
- 国家一般職・国家Ⅱ種 ……… 国家公務員採用一般職試験［大卒程度試験］,
  旧国家公務員採用Ⅱ種試験
- 国家専門職・国税専門官 …… 国家公務員採用専門職試験［大卒程度試験］,
  旧国税専門官採用試験
- 裁判所 ………………………… 裁判所職員採用総合職試験,
  裁判所職員採用一般職試験［大卒程度試験］
  （旧裁判所事務官採用Ⅰ・Ⅱ種試験,
  旧家庭裁判所調査官補採用Ⅰ種試験を含む）
- 地方上級 …………………… 地方公務員採用上級試験（都道府県・政令指定都市・特別区）
- 市役所 ……………………… 市役所職員採用上級試験（政令指定都市以外の市役所）
- 警察官 ……………………… 大学卒業程度の警察官採用試験
- 消防官 ……………………… 大学卒業程度の消防官・消防士採用試験

本書に収録されている「過去問」について

❶ 平成9年度以降の国家公務員試験の問題は, 人事院等により公表された問題を掲載している。地方公務員試験の一部（東京都, 特別区, 警視庁, 東京消防庁）についても自治体により公表された問題を掲載している。それ以外の問題は, 受験生から得た情報をもとに実務教育出版が独自に編集し, 復元したものである。

❷ 問題の論点を保ちつつ問い方を変えた, 年度の経過により変化した実状に適合させた, などの理由で, 問題を一部改題している場合がある。また, 人事院などにより公表された問題も, 用字用語の統一を行っている。

❸ 本シリーズは, 「問題にダイレクトに書き込みを加えて, 解答のポイントを明示する」というコンセプトに合わせて問題をセレクトしている。そのため, 計算問題や空欄に入る語句を選ぶ形式の問題などは, ほとんど収録されていない。

知識分野で捨て科目を作る前に要チェック！

　平成24年度に国家公務員の試験制度が変更され, 「国家Ⅰ種」は「国家総合職」に「国家Ⅱ種」は「国家一般職」のように試験名の表記が変更された。その際, 教養試験は**「基礎能力試験」**という名称に変更され, 知識分野の出題数がそれまでより減っている。

　しかし, これは選択解答から**必須解答に変更**されたもので, 知識分野のウエートが下がったとはいえない。捨て科目を作ると他の受験生に差をつけられてしまう可能性がある。**いたずらに捨て科目を作らずに**各科目のよく出るポイントを絞って, 集中的に押さえることで得点効率をアップさせよう。

本書の構成と使い方

本書の構成

　過去に上・中級の公務員試験に出題された問題を分析し，重要なテーマから順に，物理50問，化学50問をセレクトして掲載した。それぞれの問題は見開きで構成されており，左のページには問題の本文とそのポイントなどを示し，右のページには解説とメモ欄を配置している。

問題タイトル

問題の内容を端的に表している。

試験名と出題年度

この問題が出題された試験名と，出題された年度。ページ下部には試験名インデックスもついている。
試験の名称表記については3ページを参照。

科目名と問題番号

カコモンキー

本シリーズのナビゲーター。難易度によって顔が変わる!?

● 化学083

主要金属の性質

金属に関する記述として，
妥当なのはどれか。

平成22年度
地方上級

1 銅は，強くて硬い金属であり，鉄鉱石にコークスと硫黄を加えたものを溶鉱炉
➡銅は「こう」と読む　　　　　　　　　　　　　　　石灰石

過去問ナビゲートページ

2 銅は，鉄に比べて熱を伝えやすい金属であり，高純度の銅は，粗銅を電解精錬
することによって得られる。

3 アルミニウムは，軽くて加工しやすい金属であり，ボーキサイトを加熱して得
られる酸化アルミニウムを，濃塩酸で処理することによって得られる。
　　　　　　　　　　　　　　溶融塩電解（融解塩電解）する

4 青銅は，銅と鉛との合金であり，ブロンズとも呼ばれ，美術品や五円硬貨に使
　　　　　　　　　スズ
用されている。

5 ジュラルミンは，アルミニウムとクロムとの合金であり，航空機や橋りょうの
　　　　　　　　　　　　　　　　　　　銅
骨組みに使用されている。
➡ケースなど

180

問題文中の
赤色部分について

誤り部分

正しい記述は，その下に赤字で示している。

要チェック箇所

正誤判断のために重要な部分。

重要語句・キーワード

絶対に覚えておきたい用語。

補足説明

➡
正文化できない箇所の誤りの理由や，正しい記述への注釈など。

妥当な内容の
選択肢

基本的には正答を示しているが，混乱を避けるため「妥当でないものを選べ」というタイプの問題では，妥当な選択肢4つに印がついている。

付属の赤シート

赤シートをかぶせると，赤字で記されている部分が見えなくなるので，実際に問題を解いてみることも可能。
自分なりの書き込みを加える際も，赤色やピンク色のペンを使えば，同様の使い方ができる。

使い方のヒント

　選択肢はすでに正文化してあるので，過去問を読み込んでいくだけで試験に出たピンポイントの知識をダイレクトに習得できる。問題演習をしたい場合は，赤色部分が見えなくなる付属の赤シートを使えばよい。わざわざ解説を見るまでもなく，赤シートを外すだけで答え合わせができる。

　さらに，問題に自分なりの書き込みを加えたり，右ページのメモ欄を使って重要事項を

まとめたりしてみてほしい。それだけで密度の濃い学習ができると同時に，試験前までには本書が最強の参考書となっているだろう。

　また，使っていくうちに，問題のつくられ方・ヒッカケ方など「公務員試験のクセ」もだんだんわかってくるはずだ。本書を使うことで，あらゆる方向から骨の髄まで過去問をしゃぶりつくせるのだ。

解説 ×月○日

物質の性質Ⅱ

難易度 ★★　　**重要度** ★★★

1 鉄鉱石を溶鉱炉で還元すると，比較的炭素を多く含む銑鉄ができる。銑鉄は鋳物などに用いられるが，もろいため建築物には使えない。銑鉄を強くするには，転炉に移して【**Ⓐ**　　　　　】を吹き込み，炭素を酸化させて少なくした鋼にする。

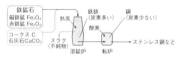

鉄鉱石
磁鉄鉱 Fe_3O_4
赤鉄鉱 Fe_2O_3
コークス C
石灰石 $CaCO_3$
熱風
銑鉄（炭素多い）
鋼（炭素少ない）
酸素
スラグ（不純物）
溶鉱炉
転炉
→ ステンレス鋼など

2 正しい。粗銅は純度約 99 ％で，電解精錬により純度 99.99 ％以上の銅が得られる。

3 アルミニウムを得るには多量の【**Ⓑ**　　　　】を使って溶融塩電解をする必要があることから，「濃塩酸で処理する」が誤りとわかる。

4 青銅（ブロンズ）は，銅と鉛ではなく，銅とスズの合金である。

5

解説・書き込みページ

合金には次のようなものがあるので，整理しておこう。

合金	主成分と添加金属	用途
青銅（ブロンズ）	Cu に Sn	美術品，10 円硬貨
黄銅（真鍮）	Cu に Zn	楽器，5 円硬貨
白銅	Cu に Ni	50 円・100 円硬貨
洋銀	Cu に Zn，Ni	食器，時計
【**Ⓒ**　　】	Sn に Cu，Ag など	金属の接合
【**Ⓓ**　　】	Fe に Cr，Ni など	台所用品，鉄道車両
ジュラルミン	Al に Cu，Mg など	航空機材，ケース

Point

□ 鉄を得るには，磁鉄鉱 Fe_3O_4 や赤鉄鉱 Fe_2O_3 からなる鉄鉱石に，コークスと石灰石を混ぜて溶鉱炉に入れて，コークスから発生する一酸化炭素で還元する。

□ 銅を得るには，黄銅鉱などからなる銅鉱石を溶鉱炉で還元して粗銅を得たあと，純度を高めるために，粗銅板を陽極，純銅板を陰極として電気分解する。

Ⓐ：酸素，Ⓑ：電力，Ⓒ：はんだ，Ⓓ：ステンレス鋼

181

テーマ名

テーマは出る順＆効率的に学べる順に並んでいる。

難易度と重要度

この問題の難しさと，内容の重要度を★で表示。

難易度　★　　　比較的易しい
　　　　★★　　標準レベル
　　　　★★★　難しい

重要度　★　　　たまに出る
　　　　★★　　よく出る
　　　　★★★　最頻出問題

解説

さらなる理解を促すべく，選択肢ごとに内容を補足して説明している。
※解説中の空欄
解説中の重要語句を中心に空欄をつくってあるので，穴埋め式の学習もできるようになっている。答えはPoint の下に記してある。

メモ欄

使い方は自由。穴埋めの答えを右側に記して使いやすくするもよし（キーワードが際立つ効果がある），自分なりに補足知識を書き記してみてもいいだろう。

Point

この問題のポイントとなる知識を短くまとめたもの。「出る選択肢」として覚えよう。

5

上・中級公務員試験
過去問ダイレクトナビ 物理・化学 目次

物　理

テーマ	No.	内容	出題年度	出題された試験	難易度	重要度	ページ
力学	001	運動の法則	R3	裁判所	★	★★	14
	002	力学	R2	消防官	★	★★★	16
	003	物体の運動等	R2	国家総合職	★★	★★	18
	004	ばねの伸び	25	国家専門職	★★	★★	20
	005	力学的エネルギー	28	地方上級	★	★★★	22
	006	運動の法則	22	裁判所	★★	★★★	24
	007	物体と運動	21	国家Ⅰ種	★★	★★★	26
	008	浮力	24	国家専門職	★★	★★	28
	009	力学的な諸現象	16	国家Ⅱ種	★★	★★	30
	010	単振動	29	国家総合職	★★	★★	32
電流と回路	011	電気エネルギー	23	消防官	★★	★★★	34
	012	消費電力の比較	22	国家Ⅰ種	★★	★★★	36
	013	電力の輸送や利用	30	市役所	★★	★★★	38
	014	電気抵抗	14	地方上級	★	★★★	40
	015	導体と電流	14	国税専門官	★	★★★	42
	016	電流に伴うエネルギー	24	裁判所	★★	★★	44
	017	半導体を利用した素子	28	国家総合職	★★★	★	46
	018	直流と交流	30	地方上級	★	★★★	48

化　学

物理 の出題の特徴

出題の状況

物理は、ほとんどすべての試験で出題されており、1～2問程度出題される場合が多い。その中で、東京消防庁では3問の出題のときもある。

出題される内容

物理の出題は「力学」「電磁気学」「波動」「原子物理等」に大別される。このうち「力学」「電磁気学」が出題の中心であり、国家総合職以外の試験では高校物理の基礎的理解でカバーできる。

物理は、似たような問題が繰り返し出題される科目なので、過去問を解くことが有効な対策となる。

問題の形式

最頻出の力学、電磁気学では計算問題も多いので、公式を覚えたり、多くの問題を解くことで解法を身につけるなどする必要がある。とはいえ、文章の正誤を問う形式の問題もあるので、そうした問題については本書で行っているような「正文化」が効果を発揮するだろう。

試験別に見た特徴

国家一般職では、力学が出題されず波動が出題された年度もある。国家専門職では加速度運動が頻繁に出題されている。地方上級（全国型）では力学、電磁気学、波動から均等に出題されている。

科目レーダー

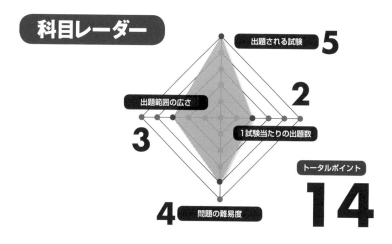

出題される試験 **5**

2

出題範囲の広さ

3

1試験当たりの出題数

トータルポイント

14

4 問題の難易度

化学 の出題の特徴

出題の状況

化学は、ほとんどすべての試験で出題されており、1～2問程度出題される場合が多い。その中で、東京消防庁では3問の出題のときもある。その一方、警察官（警視庁）では出題されないこともある。

問題の形式

計算問題については、公式を覚えたり、多くの問題を解くことで解法を身につけるなどする必要がある。しかし、文章の正誤を問う形式の知識問題が出題の中心で、こちらについては本書で行っているような「正文化」が効果を発揮する。

出題される内容

化学の出題は「基礎理論」「物質の性質」「有機化学」「応用化学」に大別される。「応用化学」には、身の回りの化学（セッケン、石油の精製など）や環境汚染物質に関する問題がある。

計算問題と知識問題があるが、中心となるのは知識問題で、これは似たような問題が繰り返し出題されるので、過去問を解くことが有効な対策となる。

試験別に見た特徴

国家総合職は、かつては有機化学の出題が多かったが、近年では「基礎理論」や「物質の性質」の出題が主流になってきている。国家一般職では近年、化学反応や無機化合物の出題が多い。地方上級では「基礎理論」のウエートが高くなっており、2問以上出題される場合には「基礎理論＋他の分野」という構成になっている。

科目レーダー

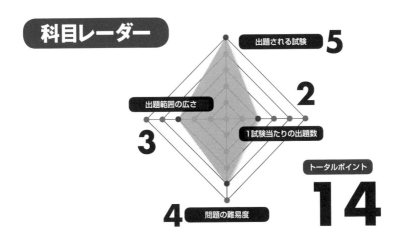

出題される試験 **5**

2

出題範囲の広さ

3

1試験当たりの出題数

問題の難易度 **4**

トータルポイント **14**

物理

001 → 050

物理001

運動の法則

力に関する次のA~Dの記述のうち，妥当な
もののみをすべて挙げているものはどれか。

令和3年度
裁判所

A おもりを吊るされたばねが元に戻ろうとする力を弾性力といい，その大きさは
伸びの~~長さの2乗に比例~~する。
長さに比例

B 粗い水平面上に置かれた物体を面に平行な力で引くとき，その力を大きくして
いくと物体はやがて動き出すが，動き出す直前の静止摩擦力より，動き出した
後の動摩擦力の方が~~大きい~~。
小さい

C 自動車運転中に急ブレーキをかけると，運転者は体がハンドル側に押し付けら
れそうに感じるが，これは慣性の法則が関係している。

D スケートリンク上で人を押すと自分も動いてしまうが，これは2人の間に作
用・反作用の法則が働いたためである。

1 ⋯⋯ A，B
2 ⋯⋯ A，C
3 ⋯⋯ A，D
4 ⋯⋯ B，C
5 ⋯⋯ C，D

難易度 ★　　重要度 ★★

A [**Ⓐ**　　　]の法則より,ばねの弾性力の大きさは,ばねの[**Ⓑ**　　　]からの伸び縮みの量に比例する。式で表すと,F＝kxとなり,Fはばねの弾性力の大きさ,kはバネ定数,xは[**Ⓑ**　　　]からの変位を表している。

B 物体が動き出す直前の静止摩擦力を[**Ⓒ**　　　]力といい式で表すと,f＝μNとなり,fは[**Ⓒ**　　　]力,μは静止摩擦係数,Nは物体が受ける垂直抗力を表している。それに対して動いている物体に働いている摩擦を[**Ⓓ**　　　]力といい,式で表すとf'＝μ'Nとなる。f'は[**Ⓓ**　　　]力,μ'は動摩擦係数,Nは物体が受ける垂直抗力を表している。μ＞μ',すなわち,最大静止摩擦力＞動摩擦力となるため,重い物体を動かすとき,止まっていた物体が動き始めると軽くなったように感じる。

C 正しい。外界から力が作用しなければ,物体は静止,または等速直線運動を続けるという法則を慣性の法則という。ニュートンの運動法則の一つであり,運動の[**Ⓔ**　　　]法則とも呼ばれる。

D 正しい。一つの物体がもう一つの物体に力を加えると,同時に相手の物体から,一直線上にあって大きさが同じで逆向きの力が生じることを作用・反作用の法則という。ニュートンの運動法則の一つであり,運動の[**Ⓕ**　　　]法則とも呼ばれる。たとえばロケットは打ち上げのとき,燃焼と酸化剤を混ぜて点火し,生じるガスを後ろに噴き出すことによる反作用で飛んでいる。

Point

☐ 加速度a(速度の時間変化)は,及ぼされる外力Fに比例(F＝ma)し,速度の変化の向きは,その力の及ぼされる方向であることをニュートンの運動の第2法則という。

☐ 接触面の性質が同じならば,動摩擦力は常に一定である。

Ⓐ:フック, Ⓑ:自然長, Ⓒ:最大静止摩擦, Ⓓ:動摩擦, Ⓔ:第1, Ⓕ:第3

力学

力学に関する記述として、
最も妥当なのはどれか。

1 小球がなめらかな壁に斜めに反発係数e（$0 < e < 1$）の非弾性衝突をする場
➡摩擦がないということ
合、衝突後の速度は壁面に垂直な成分と平行な成分はともに衝突前のそれのe
➡摩擦がないとき平行な成分は変化しない
倍となる。

2 なめらかな面で2つの物体が弾性衝突する場合、2つの物体の合計の運動量そ
して力学的エネルギーは保存される。一方で非弾性衝突する場合、2つの物体
の合計の運動量そして力学的エネルギーは保存されない。
➡運動量は保存される

3 軽いばねの片側におもりを取り付けて微小振動を行う機構をばね振り子とい
う。この同じ振り子を水平方向に振動、あるいは地球より重力の小さな月面上
で振動させても周期は変わらない。

4 伸縮しない軽いひもの片側におもりを付けて微小振動を行う機構を単振り子と
いう。この同じ振り子を地球より重力の小さな月面上で振動させると、周期は
短くなる。
長く

5 床と物体の間が粗い接触面であるとき、物体の移動を妨げる方向に働く力を摩
擦力という。摩擦力Fは、静止摩擦係数をμ_0、物体に働く垂直抗力をNとす
最大静止摩擦力F
ると、$F = \mu_0 N$と表される。

1 なめらかな壁とは，摩擦がない壁ということ。壁面との斜め衝突では，壁面から物体が受ける力積は垂直抗力によるもののみであるため，摩擦がはたらかない場合には平行成分には変化はない。よって，壁面に平行方向の成分（速度）は，衝突前と衝突後で変化しない。壁面に垂直方向な成分は垂直抗力の影響を受けるため，速度が変化し，反発係数 e は，$e=$ 衝突前の速度/衝突後の速度で表すことができる。

2 外力による力積を考えなくていいとき，物体系の運動量は保存される。よって，なめらかな（摩擦がない）面上で，2 つの物体が衝突するとき，2 つの物体にかかる水平方向の外力はないため，【**Ⓐ**　　】は保存される。

3 正しい。ばねにつるしたおもりを少し引っ張ってから放し，おもりを振動させることを【**Ⓑ**　　】という。おもりは単振動しており，ばね振り子の周期 T〔s〕は，おもりの質量 m〔kg〕，ばね定数 k〔N/m〕を用いて $T=2\pi\sqrt{\dfrac{m}{k}}$ と表せる。周期は重力の影響を受けない値のため，地球より重力の小さな月面上で振動させても，周期に変化はない。

4 おもりを糸につるして左右に振る簡単な振り子を【**Ⓒ**　　】という。振幅が小さい場合，単振り子の周期 T〔s〕は，振り子の長さ l〔m〕，重力加速度の大きさ g〔m/s²〕を用いて，$T=2\pi\sqrt{\dfrac{l}{g}}$ と表すことができる。よって，地球より重力の小さい月面上で振動させると，上記の式の分母が小さくなるため，周期は長くなる。

5 摩擦力には，静止している物体に働く静止摩擦力と，運動している物体に働く動摩擦力がある。静止摩擦係数と物体に働く垂直抗力の積で決まる値が【**Ⓓ**　　】であり，動摩擦係数と物体に働く垂直抗力の積で決まる値が【**Ⓔ**　　】である。

🔑 Point

- ☐ 物体にはたらく重力の大きさを，重さや重量といい，物体をつくっている原子や分子の種類や数によって決まる値を質量という。
- ☐ 単振り子の糸の固定点からおもりの重心までの距離を，振り子の長さという。
- ☐ 動摩擦係数は，静止摩擦係数より小さい。

Ⓐ：運動量，Ⓑ：ばね振り子，Ⓒ：単振り子，Ⓓ：最大静止摩擦力，Ⓔ：動摩擦力

物体の運動等

物体の運動等に関する記述として
最も妥当なのはどれか。

1 小球を斜め上に投げた場合，その軌跡は放物線を描く。一方，木槌などの，重心が偏った物体を斜め上に投げた場合，物体中のいずれの点をとっても，~~その軌跡は放物線ではなく，複雑な軌跡を描く。このような運動は，ブラウン運動と呼ばれ，この軌跡を解析的に求めることはできない。~~
➡重心に沿って放物線を描く
➡ブラウン運動は粒子の不規則な運動のこと

2 物体が円運動を行うと，その物体には円の中心から遠ざかる向きに遠心力がはたらく。鉛直の円形ループ状のレール上を運動するジェットコースターには，~~遠心力のみがはたらいており，遠心力はループの最高点において最大となるように設計されているため，~~ジェットコースターはレールから離れることなくループを通過することができる。
➡重力などもはたらいている
➡遠心力ー重力の値が0にならないように

3 静止した状態で空中から物体を落とすと，空気抵抗や風の影響がなければ，~~慣性の法則~~により物体はまっすぐ下に落ちる。空中を移動中の航空機などから物体を目標地点に投下する場合も同様に，~~風等の影響がなければ目標地点の真上から投下すればよい。~~一方，実際には，風等の影響を考慮し，目標地点より風上側で物体を投下する必要がある。
➡重力
➡物体に慣性がはたらくため，目標地点の真上から投下しても目的地に落ちない

4 通常の自動車が走行中にブレーキをかける場合，ブレーキの摩擦により，自動車の運動エネルギーは~~すべて音~~に変換されて空気中に放出されるので，車は運動エネルギーを失う。一方，ハイブリッド自動車は，回生ブレーキによって~~熱を発生させ，その熱を~~電気エネルギーに変換して回収することで，~~余分な~~運動エネルギーを電気エネルギーとして蓄えている。
➡音や熱
➡減速時に運動エネルギーの一部でモーターを逆回転させることによって
➡一部の

⑤ ある軸の周りで物体が回転するとき，物体にはたらく力の大きさと，回転軸から力の作用線までの距離の積は，力のモーメントと呼ばれる。てこの原理は力のモーメントで説明することができ，力点に加える力の大きさが同じでも，支点と力点の距離が大きくなればなるほど，加える力による支点の周りの力のモーメントが大きくなり，作用中にはたらく力が大きくなる。

解説　難易度 ★★　重要度 ★★

1 木槌などの剛体を斜め上に投げたとき，実際は空気抵抗や回転による力のモーメントにより多少はずれるが，重心が【**Ⓐ**　　　】を描く。微粒子の不規則な運動のことをブラウン運動という。これは，液体や気体の分子が乱雑に運動していて，それらが，不規則に微粒子と衝突することで，引き起こされる現象である。

2 ジェットコースターのような鉛直の円形ループ状のレール上を運動する場合，円の中心方向へ力をかける必要があり，重力の中心方向の分力とレールからの垂直抗力の合力がそれにあたる。物体の速度が速ければ速いほど，遠心力によってレールが物体を押さえつける垂直抗力が大きくなり，レールが物体を押さえつける力がなくなったとき，円運動を保てなくなり，物体は地球の重力に引き寄せられ，レールから外れて落下する。

3 飛行中の航空機から物体を落下させると，物体にも【**Ⓑ**　　　】がはたらく。つまり，目標地点の真上から投下しても，【**Ⓑ**　　　】により物体が動き続けるため，目標地点には到達することはない。

4【**Ⓒ**　　　】はブレーキの摩擦によって，音や摩擦熱などのエネルギーに変換され，失われていく。回生ブレーキとは，従来失われていたエネルギーを利用してモーターを逆回転させ，電気エネルギーに変換し，回収することで，運動エネルギーの一部を再利用するものである。

5 正しい。力を加えても変形しない物体に回転運動をさせるはたらきを，【**Ⓓ**　　　】という。物体の回転は，回転軸から力の作用線までの距離を【**Ⓔ**　　　】といい，力のモーメントは力の大きさと【**Ⓔ**　　　】の積で表される。

🔑Point

☐ ブラウン運動は微細な粒子が不規則に衝突することで起こる。

☐ 慣性の法則とは，外力がなければ，物体は静止，または等速直線運動を続けることをいう。

☐ 力のモーメントを利用し，小さい力で重いものを動かしたり，微小な運動を大規模な運動に変換することをてこの原理という。

Ⓐ：放物線，Ⓑ：慣性，Ⓒ：運動エネルギー，Ⓓ：力のモーメント，Ⓔ：うでの長さ

ばねの伸び

ア，イ，ウのように，ばね定数とばねの長さが同じばねに同じおもりをつり下げたときの一つのばねの伸びに関する記述として最も妥当なのはどれか。
なお，ばねの重さは無視できるものとする。

平成25年度
国家専門職

ア 図Ⅰのように，二つのばねをつないで，おもりをつり下げた。
　➡直列の場合は，1本のばねに加わる力は1本だけの場合と同じ

イ 図Ⅱのように，二つのばねに，おもりをつり下げた。
　➡並列の場合は，1本のばねに加わる力は1本だけの場合の半分

ウ 等速で上昇しているエレベーター内で，一つのばねにおもりをつり下げた。
　➡等速運動では，ばねに加わる力は静止している場合と同じ

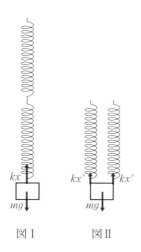

図Ⅰ　　　　図Ⅱ

1 アの一つのばねの伸び~~とイの一つのばねの伸びは等しい。~~
　　　　は　　　　　　　　　　　　　　　の2倍

② アの一つのばねの伸びとウのばねの伸びは等しい。

3 イの一つのばねの伸び~~とウのばねの伸びは等しい。~~
　　　　　　　は　　　　　　　　　　の半分

4 イの一つのばねの伸びは，アの一つのばねの伸び~~より大きい。~~
　　　　　　　　　　　　　　　　　　　　　　　の半分

5 イの一つのばねの伸びは，ウのばねの伸び~~より大きい。~~
　　　　　　　　　　　　　　　　　　　の半分

解　説　　難易度 ★★☆　重要度 ★★☆

ばねに働く力の大きさは，ばねの自然の長さからの伸び x〔m〕（以下では単に「伸び」と表す）に比例して kx〔N〕と表される。これを【🅐　　　　　】の法則という。ここで k〔N/m〕はばね定数である。

ア（図Ⅰ）は，ばねを直列につないだ場合である。【🅑　　　　　】の法則より，上下のばねが及ぼし合う力の大きさは同じになるから，ばねの質量が無視できる場合には，それぞれのばねについての力のつりあいより，どちらのばねの伸びも同じになる。おもりについての力のつりあいより，ばねの伸び x〔m〕は次のようになる。

$$mg = kx \quad \text{よって} \quad x = \frac{mg}{k}$$

m〔kg〕：おもりの質量，g〔m/s²〕：【🅒　　　　　】の大きさ
この伸びは1本だけのばねでおもりをつるした場合と同じである。

イ（図Ⅱ）は，ばねが並列につながれた場合である。ばね1本当たりの伸び x'〔m〕はおもりに働く力のつりあいから次のようになる。

$$mg = kx' + kx' \quad \text{よって} \quad x' = \frac{mg}{2k}$$

つまり，ばね1本当たりの伸びは，直列の**ア**の場合の半分になる。

ウは，等速で上昇するエレベーター内で1本のばねにおもりをつり下げた場合である。もし，大きさ a〔m/s²〕＞0の加速度で上昇しているのであれば，エレベーター内の人から見て，おもりには大きさ ma〔N〕で鉛直下向きの【🅓　　　　　】力が働くが，等速で上昇している場合はこのような特別な力は働かず，エレベーターが静止している場合と同じである。つまり，この場合のばねの伸びは**ア**と同じ $x = \dfrac{mg}{k}$ である。

🔑 Point

- [ ] 質量の無視できる複数のばねを直列につなげておもりをつり下げるとき，ばねに働く力の大きさはどのばねでも等しい。

- [ ] ばね定数の等しい n 本のばねを並列につなげておもりをつり下げるとき，1本当たりのばねに働く力の大きさは，1本のばねでおもりをつり下げるときの n 分の1になる。

🅐：フック，🅑：作用・反作用，🅒：重力加速度，🅓：慣性

力学的エネルギー

次の文章の空欄ア〜ウに当てはまる語句または式の組合せとして，正しいのはどれか。

平成28年度
地方上級

下図のように，滑らかな曲面上の地点Aにおいて小球から静かに手を離す
→摩擦力がない曲面　　　　　　　　→小球は速さ0で動き出す
と，小球は降下し，最下点Bを通過するとき，小球の位置エネルギーは

（　**ア**　），運動エネルギーは（　**イ**　）となり，そのときの小球の速さは，基
　　ゼロ　　　　　　　　　　　　　　　最大

準面から地点Aまでの高さをh，重力加速度をgとすると（　**ウ**　）で表さ
　　　　　　　　　　　　　　　　　　　　　　　　　　　　　　$\sqrt{2gh}$

れる。ただし，小球の大きさ，曲面上の摩擦および空気抵抗は無視する。
　　　　　　　　　→力学的エネルギー保存の法則を使うことができる

A

垂直抗力

h

合力（小球の動く向き）

重力

基準面

B

	ア	イ	ウ
1 ……	最大	ゼロ	$\sqrt{gh}$
2 ……	最大	ゼロ	$\sqrt{2gh}$
3 ……	最大	ゼロ	$2\sqrt{gh}$
4 ……	ゼロ	最大	$\sqrt{gh}$
5 ……	ゼロ	最大	$\sqrt{2gh}$

地方上級

解説　難易度 ★☆☆　重要度 ★★★

ア 質量 m の物体の位置エネルギーは，基準面から高さ h の地点にあるとき【**A**　】である。しかし，地点Bは基準面の上にあるので（つまり高さゼロ），位置エネルギーはゼロである。

イ 質量 m の物体の運動エネルギーは，速さが v であるとき【**B**　】であり，速いほど大きい。最も低い点にあるBにおいて速度は最大となるため，運動エネルギーも最大である。

ウ この問題では摩擦や空気抵抗を無視し，小球が面から受ける【**C**　】は運動方向に【**D**　】で仕事をしないから，力学的エネルギーは一定に保たれる。すなわち，小球の運動エネルギー K と位置エネルギー U の和である力学的エネルギー $K+U$ の値は，地点A でも地点B でも等しい。これを【**E**　】の法則という。

求めたい最下点Bにおける速さ v を求めてみよう。小球の質量を m として，地点A，地点Bでの運動エネルギー，位置エネルギーをまとめると，次のようになる。

	運動エネルギー	位置エネルギー	力学的エネルギー
地点A	【**F**　】	【**G**　】	【**G**　】
地点B	【**H**　】	0	【**H**　】

地点A，Bでの力学的エネルギーが等しいので，$mgh = \dfrac{1}{2}mv^2$
$v^2 = 2gh$ となるから，$v = \sqrt{2gh}$ とわかる。

🔑 **Point**

☐ 物体に力が働くとき，その力がした仕事の分だけ物体の運動エネルギーが変化する。

- -

☐ 振り子の運動では，おもりが糸から受ける張力は運動の向きに垂直に働くので，張力がする仕事は0である。

A : mgh，**B** : $\dfrac{1}{2}mv^2$，**C** : 垂直抗力，**D** : 垂直，**E** : 力学的エネルギー保存，**F** : 0，

G : mgh，**H** : $\dfrac{1}{2}mv^2$

運動の法則

物体の運動の法則に関する次の A ～ C の
記述の正誤の組合せとして最も適当なのは
どれか。

平成22年度
裁判所

A 一定の速さで水平方向に走っている車に乗った人が，手に持ったボールを車と
同じ速さで進行方向と逆向きに投げたとする。このとき，車外に静止している
人から見ると，ボールは垂直に落下する。

B 一定の長さの糸で結びつけた小石を水平面内で一定の角速度で振り回していた
ところ，突然糸が切れた。このとき，小石は，糸が切れる直前に行っていた円
運動の接線方向に飛び出す。

➡糸の長さが一定なので等速円運動

C 遠方の標的に，地面から同じ高さにある猟銃でまっすぐ狙いをつけて弾を発射
したところ，発射と同時に標的が自由落下を始めた。このとき，弾は標的に命
中する。ただし，弾や標的が地面に着地する場合や空気の抵抗は考えない。

	A	B	C
1	正	正	正
2	正	誤	正
3	正	正	誤
4	誤	誤	正
5	誤	正	誤

難易度 ★★☆　重要度 ★★★

A 正しい。車外で静止している人が見るボールの初速度は，

(合成速度) = (車の速度) + (車内から見たボールの初速度)

になる。下の図 a は，車に乗った人がボールを落とした場合で，

(合成速度) = (車の速度) + 0 = (車の速度)

となり，ボールは車と一緒に水平に移動しながら落下する。図 b は，車に乗った人がボールを車と同じ速さで逆向きに投げた場合で，逆向きの速度なのでマイナスになる。

(合成速度) = (車の速度) − (車の速度) = 【**A**　　　】

ボールは投げたときの位置から動かずに，地面に垂直に落下する。

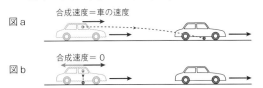

図 a　合成速度＝車の速度

図 b　合成速度＝ 0

B 正しい。糸が切れる前は小石は【**B**　　　】運動をしていて，速度の大きさは一定だが，速度の方向は刻々変化している。速度の方向はそのときの円軌道上の点における【**C**　　　】の方向であり，糸が切れると，小石はこの方向に飛び出す。

C 正しい。重力がないとすれば，弾は初速度によって，標的の最初の位置までまっすぐ飛んでいく。これに重力による落下の作用が加わると考えると，弾も標的も重力による【**D**　　　】は同じなので，重力による落下距離は等しくなる。したがって，弾は必ず標的に命中することになる。

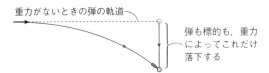

重力がないときの弾の軌道

弾も標的も，重力によってこれだけ落下する

🔑 **Point**

☐ 岸に静止している人から見ると，川を進んでいる船の速度は，川の流速と，船の静水上での速度を，平行四辺形の法則で加えた合成速度になる。

- - - - - - - - - -

☐ 鉛直に投げ上げた物体に弾を命中させるには，物体が最高点に達した瞬間に，その位置に狙いを定めて弾を発射する。

A：0，**B**：等速円，**C**：接線，**D**：加速度

物理007

物体と運動

物体と運動に関するA～Dの記述のうち, 妥当なもののみをすべて挙げているのはどれか。

平成21年度
国家Ⅰ種

A 一般に, 物体に働いている力がつりあっているときには, 物体は静止したまま
〔物体が静止していれば〕
であり, ~~物体が一定の力を受け続ける場合には~~, 物体は等速度運動を続ける。
〔物体が運動していれば〕   ➡より正確には等速直線運動
これを慣性の法則という。カーリングのストーンを滑らせたとき, 氷面を磨き, 摩擦を少なくすれば, さらに遠くまで動き続ける現象は, 慣性の法則により説明することができる。

B ボート2艘にそれぞれ1人ずつが乗り, 一方が他方のボートを押すと, 押されたボートと押した人のボートは互いに逆向きに動き出す。このように, ある物体Aが他の物体Bに力を加えるときには, 互いに~~垂直抗力~~を及ぼし, ~~全体で~~
〔向きが反対で大きさが等しい力〕
~~力のモーメントの和~~が0になっているとみることができる。
〔2つの物体に働く力の和（あるいは運動量の和）〕

C 地球が物体を引く力を重力という。地球上にある物体にはすべて重力が働いており, 一般に同じ物体に働く重力の大きさは高度が高いところほど, また低緯度地方ほど小さいことがわかっている。月の表面では, 月が物体を引く力が働き, これを月の重力という。月面上での月の重力は地球上の重力の約6分の1である。

D 鉛直につり下げたばねにおもりをつるすと, おもりには重力とばねからの力が働くが, このばねの力をばねの弾性力という。弾性力の大きさとばねの伸びの関係を調べると, ばねの変形が少ないうちは, ばねの弾性力は自然の長さからの伸びに比例することがわかっており, これをフックの法則という。

1 …… A , B

2 …… A , C

3 …… B , C

4 …… B , D

5 …… C , D

26
国家総合職

A 物体が力を受け続ければ加速されるので、「等速度運動を続ける」ということはない。慣性の法則（運動の第1法則）とは、物体が力を受けないか、受けても合力が0となる場合には、静止している物体は静止を続け、運動している物体は【**Ａ**　　　　　】を続けることをいう。一定の力を受け続ける場合には、等加速度運動をすることが運動方程式（運動の第2法則）からわかる。

B 「ボートは互いに逆向きに動き出す」とあるので、ボートは互いに逆向きに直線運動をしたと考えられる。したがって、物体を回転させようとする働きである「力のモーメント」は妥当ではない。2つの物体A, Bが互いに力を及ぼし合うとき、一方の力を $\vec{F}$ とすると、もう一方の力は、【**Ｂ**　　　　　】の法則によって、$-\vec{F}$ となり、2つの物体に働く力の和は0になる。

C 正しい。説明にある地球や月の重力の性質は、重力が、地球（月）から物体に働く万有引力（ばんゆういんりょく）と、地球（月）の自転による【**Ｃ**　　　　　】力の合力であること、地球が赤道方向にふくらんだ回転楕円体であることから理解される。

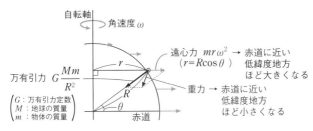

図では誇張しているが、遠心力は万有引力に比べてずっと小さい。

D 正しい。ばねが縮む場合も、変形が少ない範囲では自然の長さからの縮みに比例した力が働く。これもフックの法則に含まれる。

Ａ：等速直線運動, **Ｂ**：作用・反作用, **Ｃ**：遠心

浮力

物体を液体中に入れると，物体は重力だけではなく，液体からの浮力を受けるようになる。浮力に関する記述として最も妥当なのはどれか。

平成24年度
国家専門職

1 浮力は，物体の体積および形状によって決まり，~~同じ材質で~~同じ体積であれば，
（液体中の）
~~表面積が大きいほど浮力が大きくなり，球形のものの浮力が最も小さくなる。~~
異なる材質であっても浮力は等しい

2 浮力は~~水深に比例して大きくなり，浅いところでは比較的弱い浮力しか働か~~
（物体の体積が変わらなければ）ほとんどよらない
~~なくても，深いところでは強い浮力が働く。~~物体を深海まで沈めるためには，大
きな重量が必要で~~ある~~。
はない

❸ 浮力は液体の密度に比例する。同じ物体を水の中に完全に沈めたときと，比重
1.2 の食塩水の中に完全に沈めたときでは，食塩水の方が1.2 倍の浮力が働く。

4 鉄およびアルミニウムで同じ体積の球をつくり，それらを水の中に完全に沈め
たとき，~~密度の小さいアルミニウムの方に大きな浮力が働く~~。
どちらの球にも等しい

5 図のように水槽を台ばかりに
乗せ，水槽の中に木でできた
球を入れたところ，球は浮い
た。同じ条件で，ひもでつる
した同じ体積の鉄の球を沈め

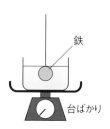

木　　　鉄
台ばかり　　台ばかり

ていくとき，台ばかりの目盛が木の球の場合と同じになるのは，鉄の球~~の全体~~
~~が沈ん~~だときである。
の水中にある体積が木でできた球の水中にある体積と等しくなった

解説　難易度 ★★☆　重要度 ★★☆

1 水中の物体は面に垂直な向きに水から圧力を受けるが、この圧力は水の深さに比例して大きくなる。この圧力の効果をすべて合わせると、側面からの圧力は打ち消しあい、上面と下面に働

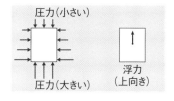

圧力(小さい)
圧力(大きい)
浮力(上向き)

く圧力の差が上向きに働く浮力を生じさせることになる。浮力の大きさは、水中にある物体の体積に相当する水の重さに等しくなる。これを [**Ⓐ**　　　　] の原理という。

　　浮力の大きさ $=\rho V g$　…①

　　（ ρ：水の密度，V：水中の物体の体積，g：重力加速度の大きさ）

2 水が深くなるにつれて、水による圧力は水深に比例して大きくなっていく。10m深くなると約 [**Ⓑ**　　　] 気圧（1.013×10^5Pa）増える。しかし、浮力は①式のように水の密度に比例するので、水深に比例して大きくはならない。水の密度は深いところでもわずかに増えるだけである。もし高圧で物体がつぶされてしまえば、体積が減ったぶんだけ浮力は小さくなる。

3 正しい。浮力は①式のように水の密度に比例する。よって、物体の液体中の体積が同じならば、浮力は液体の [**Ⓒ**　　　　] の比だけ変化する。

4 物体に働く浮力は、①式のように、一般に液体の密度に比例するのであって、物体の密度には関係がないことに注意する。同じ体積が液体中にあれば、材質によらず浮力の大きさは同じである。

5 台ばかりで測っているのは、台ばかりの皿が水槽から受ける抗力の大きさである。この抗力の大きさは、水槽と水に働く重力 Mg と、浮力に対する反作用 F（浮力の大きさに等しく下向き）の和 $Mg+F$ の大きさに等しい。水槽と水の質量が同じであれば、木と鉄に働く [**Ⓓ**　　　　] が等しい場合に抗力が等しくなり、これは水中にある木と鉄の体積が等しい場合である。

Point

□ 水に浮かんでいる物体に働く重力と浮力はつりあっている。

□ 物体を液体に入れるとき、物体の密度が液体の密度よりも大きい場合は沈み、小さい場合は浮かぶ。

Ⓐ：アルキメデス，Ⓑ：1，Ⓒ：密度，Ⓓ：浮力

力学的な諸現象

**力学に関する記述として
最も妥当なのはどれか。**

平成16年度
国家Ⅱ種

1 重心とは，その点を含む平面で物体を二つに割ったときに，二つの部分が~~必ず~~

~~同じ質量になるような~~点である。したがって，ひもの一端を物体に付けてつる
→一般に同じ質量にはならない

し，ひもの延長線に沿って物体を切ると，延長線上に重心があるため二つの同

じ質量の部分に分けることが~~できる~~。
一般にはできない

2 動いている物体に摩擦力が働くとやがて物体は静止するが，この摩擦力を~~静止~~
動摩擦力

~~摩擦力~~と呼ぶ。~~静止摩擦力は接触面の面積や物体の速さに比例する~~ので，同じ
動摩擦力　　　　　　└これらとは無関係

物体でも接触面の面積が大きくなるほど，また，物体の速さが速くなるほど摩

擦力は~~大きくなる~~。
一定である

3 反発（はねかえり）係数とは，衝突後の速さを衝突前の速さで割った値である。

よく弾むボールを力いっぱい真下の地面に投げつけたとき，最初の地点よりも

高く跳ね上がるので，このボールの反発係数は~~1を超えている~~ことがわかる。
1を超えることはない

4 物体が空気中を落下すると空気抵抗を受けるが，抵抗の大きさは物体の速度に

~~依存せず~~，物体の大きさによって~~一定である~~。~~雲や霧~~は，十分に高い位置から
依存する　　　　　　　　　　変わる　　　　　　雨

落下した雨滴が空気抵抗によって速度を~~失い空気中を漂うために発生する~~。
雲の水滴や氷晶の成長したもの　　　　　　　　　一定にして落下してくる

5 物体に一定の力を加え続けたとき，力の向きに物体が移動した距離と力の大き

さとの積を仕事という。したがって，重い物体を人が長時間持ち続けたとして

も，物体がまったく移動しなければ，人が物体にした仕事の量は0である。

解説

難易度 ★★　重要度 ★★

1 重心とは，物体の各部分に働く重力の合力が作用する点のことであり，物体をひもでつるしたときのひもの延長線上にある。

細い棒の一方の端におもりを付けてひもでつるすと，棒の中点よりもおもりに近い位置にひもを付けたとき棒が水平になる。このときのひもの位置が物体の重心になる。この重心で棒を二つに分けると，あきらかにおもりがついているほうの質量が大きくなる。このように，重心を含む平面で物体を二つに分けても，一般に質量が同じにならない。

2 動いている物体に働くとあるので，「静止摩擦力」が誤りである。

摩擦力には，物体が静止しているときに働く【🅐　　　　　】と，物体が動いているときに働く動摩擦力がある。【🅐　　　　　】の最大の大きさと動摩擦力の大きさは，物体の接触面にはよらず，垂直抗力の大きさに【🅑　　　　】する。

3「力いっぱい真下の地面に投げつけた」とあり，初速 0 で自由落下させたわけではないから，「最初の地点より高く跳ね上がる」としても，衝突直前より衝突直後が速くなったとはいえないことに注意する。一般に，衝突で力学的エネルギーが【🅒　　　　　】などに変換されてしまうため，【🅓　　　　　】e は 1 以下になる。

4 通常は雲があるとき雨が降るので，雨滴が落下して空気抵抗で速度を失って雲や霧が発生する，というのは逆だと推測される。一般に物体に働く空気抵抗は，物体の大きさと速度に依存していて，速度があまり大きくなければ，速度に【🅔　　　　】した抵抗力が働く。そのため，落下する物体の速度は一定の値である【🅕　　　　　】速度に近づいていく。

5 正しい。物理学では，ある力が物体にする仕事 W の定義は，物体の動いた向きと力の向きが同じとき，

仕事 W ＝ 力の大きさ × 動いた距離

である。つまり，動いた距離が 0 ならば，仕事 W は 0 である。

🔑 **Point**

☐ 重心とは，重力の合力の作用点のことであり，その点を含む平面で物体を分割して同じ質量になるような点のことではない。

☐ 動摩擦力は，接触面積によらず，垂直抗力に比例した一定の大きさを持つ。

☐ 物体が移動しなければ，仕事は 0 である。

🅐：静止摩擦力，🅑：比例，🅒：熱，🅓：反発係数，🅔：比例，🅕：終端

物理010

単振動

単振動に関する記述として最も妥当なのはどれか。

平成29年度
国家総合職

1 円運動をしている物体を真横から見ると，直線上を往復運動しているように見えるが，この運動は単振動である。~~たとえば，鉛直の円形ループ状のレールを~~
　　　　　　　　　➡ジェット・コースターは完全な等速円運動をしているわけではない
~~運動するジェット・コースターを見ると，ジェット・コースターの運動は，最~~
~~高点から最下点へ加速しながら進み，その後，最下点から最高点へ減速しなが~~
~~ら進むため，鉛直方向の単振動とみなすことができる。~~

2 つりあいの位置から物体が移動したとき，物体をつりあいの位置に戻す方向に働く力を復元力という。つりあいの位置からの変位に比例する復元力が働くとき，物体は単振動する。たとえば，一様な円柱状の浮きがつりあいの位置を中心に水面を上下に振動するとき，浮きに働く浮力と重力の合力が復元力となり，この振動は単振動とみなすことができる。

3 単振り子の運動は，~~振り子の長さに対するおもりの質量がある値よりも大きい~~
　　　　　　　　　　振幅が小さい
とき，単振動とみなすことができる。たとえば，公園などで人が乗るブランコや，一般的な振り子時計の運動は単振動とみなすことができる。また，単振動の周期は~~おもりの質量~~で決まり，~~質量~~が大きいほど単振動の周期が長くなる。
　　　　　　　振り子の長さとおもりの質量

4 単振動する物体の速度と加速度の位相は~~半周期~~ずれる。たとえば，人がフック
　　　　　　　　　　　　　　　　　　　1／4周期
の法則に従うゴムを付けて，ある高さから落下（いわゆるバンジー・ジャンプ）するとき，この運動は単振動となり，つりあいの位置を人が下向きに通過するときに，~~速度も加速度も大きさは最大となるが，位相がずれているので，加速~~
　　　　➡速度は最大であるが，加速度は0
~~度の向きは速度の向きと逆の上向きである。~~

5 単振動が波として伝播するとき，その波形は正弦曲線（サインカーブ）となり，伝播する波の速さは~~波源の単振動の振幅と振動数~~で決まる。たとえば，一定の
　　　　　　　　　　　　波を伝える物質によって
振動数で振動する音叉を音源として空気中を伝播する音の波形は正弦曲線であり，音の伝わる速さは，~~振動数の大きい音叉の音ほど速くなり，また，音叉~~
　　　　　　　　　空気の温度によって
~~を強く鳴らして振幅を大きくしたときの音ほど速くなる。~~

国家総合職

解説

難易度 ★★　重要度 ★★

1 等速円運動をしている物体を横から見ると【**Ⓐ**　　　】である。しかし、ジェット・コースターは同じ円周上を同じ速度で何周もしているわけではない。

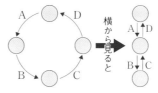

2 正しい。浮力は、静止している間は物体が沈んでいる深さに比例して働く復元力である。これにより、【**Ⓑ**　　】と【**Ⓒ**　　　】がつりあった場所を基準点として、沈んだ深さと沈んだぶんの浮力が比例する。

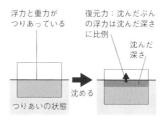

浮力と重力がつりあっている

復元力：沈んだぶんの浮力は沈んだ深さに比例

沈んだ深さ

つりあいの状態　沈める

3 右図のような単振り子の周期 T は、【**Ⓓ**　　　】g を用いて、$T = 2\pi\sqrt{\dfrac{l}{g}}$ と表される。振幅が大きすぎると、この式から外れてしまう。また、振り子が糸とおもり

でできている場合は、糸が緩んでしまう可能性もある。

4 物体が上下に単振動しているとき、速度が下向きで最大になるのはつりあいの中心を上から下へ進むときであるが、加速度が下向きで最大になるのは、物体がつりあいの中心から一番上に離れたときであり、このとき、つりあいの中心に向かって最も【**Ⓔ**　　　】が働いている。一番上からつりあいの中心まで行くのは、単振動の1周期の【**Ⓕ**　　】分の1のときである。

5 波の速さは【**Ⓖ**　　　】と振動数の積に等しい。しかし、波の速さは、波を伝える物質とその状態によって決まり、空気を伝わる場合は、空気の【**Ⓗ**　　】によって決まる。振動数が一定であれば、振幅を変えても速さは一定であり、結果的に波長も一定である。

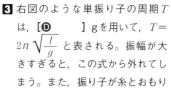Point

- □ 単振動は、つりあいの中心からの距離に比例した、つりあいの中心へ向かう力が働くときに起こる。そのような力を復元力という。
- □ 単振動で速度が最大になるのはつりあいの中心のときであり、加速度が最大になるのはつりあいの中心から最も離れたときである。

Ⓐ：単振動，**Ⓑ**：重力，**Ⓒ**：浮力，**Ⓓ**：重力加速度，**Ⓔ**：復元力，**Ⓕ**：4，**Ⓖ**：波長，**Ⓗ**：温度

電気エネルギー

電気エネルギーに関する記述として，最も妥当なのはどれか。

平成23年度
消防官

1 1kWh の電力量とは，~~100W~~ の電力で1時間にする仕事量のことである。
1000
➡電力量は電源がした
仕事量といえる

2 1Wh の電力量は 3600 ジュール〔J〕である。

3 100V の電圧で5A の電流が流れるヒーターで消費される電力は ~~2.0 × 10³~~ W で
500
ある。
➡ヒーターは電気エネルギー
をジュール熱に変換する

4 100V 用 40W の電球が点灯しているとき，この電球を流れる電流は ~~1~~A である。
0.4

5 電力量は電圧 V に比例し，電流 I に ~~反比例~~ する。
比例

解説 難易度 ★★☆　重要度 ★★★

1 電力量は，ある時間内に発生した電気エネルギーの総量である。電力は，単位時間当たりの電気エネルギーであり，次の関係がある。

電力量＝電力×時間…①

電力量の単位としてよく使われるのはキロワット時〔kWh〕で，1kWの電力を1時間使ったときの電力量である。電気の検針票には，1か月の電気使用量が「175kWh」のように記入されている。電力の単位としては【Ⓐ　　　　　】〔W〕が用いられる。k（キロ）は $10^3 = 1000$ を表し，h（時）は時間を表すから

1kWh = 1000Wh
　　　= 1000W×1h … 1000W = 1kWの電力を1時間使用したときの電力量

よって，「100Wの電力」は誤りである。

2 正しい。電力量は電気エネルギーの量なので，【Ⓑ　　　　】やエネルギーに使われる単位ジュール〔J〕を使ってもよい。また，電力の単位【Ⓐ　　　　】〔W〕は，そもそも1秒当たり1ジュールを表す〔J/s〕のことである。1時間は60分，1分は60秒であるから，次のようになる。

1h = 60×60s = 3600s

1Wh = 1W×1h = 1W×3600s = 3600J/s·s = 3600J

3 電力は

電力＝電圧×電流…②

で与えられるので，$100×5 = 500$W となり，「$2.0×10^3$ W」とはならないから，誤りである。

4 ②より電流＝$\dfrac{【Ⓒ　　　】}{【Ⓓ　　　】}$ である。よって，電球を流れる電流は $\dfrac{40W}{100V} = 0.40$A となるので，「1A」は誤りである。

5 ①，②より電力量＝電圧×電流×時間であるから，電力量は電流にも【Ⓔ　　　】するので，「反比例」は誤りである。

🔑Point

☐ 1Wの電力を1時間使用したときの電力量は，1Whである。これをジュールの単位で表すと3600Jとなる。

☐ エネルギーや仕事の単位には，ジュール〔J〕が使われるが，電気エネルギーの単位にはワット時〔Wh〕も用いられる。

Ⓐ：ワット，Ⓑ：仕事，Ⓒ：電力，Ⓓ：電圧，Ⓔ：比例

消費電力の比較

図のように，抵抗値がそれぞれ10Ω，20Ω，10Ω，50Ω の抵抗 R_1，R_2，R_3，R_4 と電池が接続された回路がある。これらの抵抗の消費電力に関する次の記述ア，イ，ウのうち，妥当なもののみをすべて挙げているのはどれか。

平成22年度
国家Ⅰ種

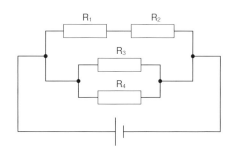

ア R_2 の消費電力の方が R_1 の消費電力より大きい。
➡直列接続では消費電力は抵抗値に比例する

イ R_3 の消費電力の方が R_4 の消費電力より大きい。
➡並列接続では消費電力は抵抗値に反比例する

ウ R_2 の消費電力の方が R_4 の消費電力より大きい。
➡直列接続の抵抗と並列接続の抵抗の比較なので計算が必要

1 ⋯⋯ ア

2 ⋯⋯ ア，イ

3 ⋯⋯ ア，イ，ウ

4 ⋯⋯ イ

5 ⋯⋯ ウ

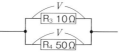

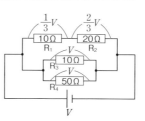

解 説

難易度 ★★ 重要度 ★★★

ア 正しい。消費電力を調べるには，次の2つの式を使う。

オームの法則：$V = IR$ …①

消費電力の式：$P = VI$ …②

直列接続では，【**A**　　　　　】が共通になるので，①式を使って，②式のPをIとRで表す。

$$P = IR \times I = RI^2$$

つまり，直列接続の抵抗の消費電力は【**B**　　　　　】に比例する。

消費電力　$R_1I^2 : R_2I^2 = R_1 : R_2 = 10 : 20$

よって，R_2の消費電力＞R_1の消費電力

イ 正しい。並列接続では，【**C**　　　　　】が共通になるので，①式を使って，②式のPをVとRで表す。

$$P = \frac{V}{R} \times V = \frac{V^2}{R}$$

つまり，並列接続の抵抗の消費電力はRに反比例する。

消費電力　$\dfrac{V^2}{R_3} : \dfrac{V^2}{R_4} = \dfrac{1}{R_3} : \dfrac{1}{R_4} = \dfrac{1}{10} : \dfrac{1}{50}$

よって，R_3の消費電力＞R_4の消費電力

ウ 正しい。電池の起電力をVとすると，各抵抗の電圧は次のようになる。

各抵抗の消費電力

$P_1 : P_2 : P_3 : P_4$

$= \dfrac{\left(\frac{1}{3}V\right)^2}{10} : \dfrac{\left(\frac{2}{3}V\right)^2}{20} : \dfrac{V^2}{10} : \dfrac{V^2}{50}$

$= \dfrac{1}{90} : \dfrac{1}{45} : \dfrac{1}{10} : \dfrac{1}{50}$

よって，

R_2の消費電力＞R_4の消費電力

Point

☐ 電球の抵抗値が一定で，明るさが消費電力に比例する場合，直列接続の電球のうち最も明るいのは抵抗値が最大の電球である。

- -

☐ 電球の抵抗値が一定で，明るさが消費電力に比例する場合，並列接続の電球のうち最も明るいのは抵抗値が最小の電球である。

A：電流，**B**：抵抗値，**C**：電圧

電力の輸送や利用

電力の輸送や利用に関する次の文章の
A～Dの箇所について，正しい語句の
組合せは次のうちどれか。

平成30年度
市役所

電圧や電流において，電圧，電流の向きが一定の電流を直流，電圧・電流の向きが周期的に変化する電流を交流という。たとえば，乾電池から得られる電気

→乾電池から供給される電気は直流

は **A** │ア：直流，イ：交流│ である。発電所でつくられた電気は電線を介して需要地まで運ばれるが，その際，電力損失を小さくするために，一般に **B** │ア：数Vの低電圧，イ：数十万Vの高電圧│ で送電される。送電された電気は需要地ではコンセントなどを通じて利用されるが，日本では100Vまたは200Vの電圧の交流として供給されており，その周波数は **C** │ア：日本全国で100Hz，

→日本では，東日本50Hz，西日本60Hzの2種類の周波数の交流が使われている

イ：東日本では50Hz│ となっている。コンセントに電化製品を接続すると，それに合わせた電力供給が行われ，たとえば20Wと60Wの電化製品の場合，**D** │ア：20W，イ：60W│ の製品のほうが大きい電力を消費する。

	A	B	C	D
1 ……	ア	ア	イ	イ
2 ……	ア	イ	イ	イ
3 ……	ア	ア	ア	イ
4 ……	イ	イ	ア	ア
5 ……	イ	ア	ア	ア

市役所

解説　難易度 ★★　重要度 ★★★

A ＋極から－極に向かって流れ，大きさが一定の電流を【**A**　　　】
という。それに対し，向きや大きさが周期的に変化する電流を
【**B**　　　】という。コイルの両端に検流計をつなぎ，そのコイルの
中で磁石を出し入れすると検流計の針が振れることから，コイルに
電流が流れ，磁石やコイルの出し入れによって電流の向きが変化す
ることがわかる。一様でない磁界内でコイルを動かしたり，磁石を
コイルに近づけたり遠ざけたりすると，コイルに電気が流れるが，
これはコイルを貫く磁界の変化によって電気が流れる現象で
【**C**　　　】といい，このとき流れる電流を【**D**　　　】という。コ
イルの近くで磁石を回転（磁界を変化）させ，コイルに【**D**　　　】
を連続して発生させるものを【**E**　　　】という。

B 家庭でコンセントから取り出している電気は，発電所の【**E**　　　】
でつくり出される。発電所の【**E**　　　】も，磁石を回転させて電
気を発生させている。このとき，たとえばN極がコイルに近づく場
合と遠ざかる場合とでは，コイルに流れる電流の向きが逆になる。
したがって，【**E**　　　】から取り出される電流は，磁石の回転に合
わせて向きが周期的に変わる。また，高電圧で送電したほうが発熱
による電力損失が小さくて済むので，発電所から送電する際には，
変圧器で高い電圧に上げてから送電される。

C 交流における電流の向きが1秒間に変化する回数を【**F**　　　】と
いい，単位はヘルツ（Hz）を用いる。発電所でつくられた電気の
【**F**　　　】は東日本では50Hzであり，西日本で60Hzである。

D 電化製品が熱や光，音などを出したり，物体を動かしたりするとき
の能力の大小を表す量を【**G**　　　】という。その単位にはワット
（W）が用いられ，1Wは1Vの電圧で1Aの電流が流れるときに消費さ
れる電力をいう。また，電熱線などで使われる電力と発熱量は比例し，
ワット数が大きいほど発熱の働きは大きくなる。

🔑Point

□ 磁石を速く動かす（コイルの中の磁界を速く変化させる）ほど，誘導
　電流は大きい。

□ 磁石の磁力が強いほど，誘導電流は大きい。

□ コイルの巻数が多いほど，誘導電流は大きい。

A：直流，**B**：交流，**C**：電磁誘導，**D**：誘導電流，**E**：発電機，**F**：周波数，
G：消費電力（電力）

電気抵抗

電気に関する記述として, 妥当なのはどれか。

平成14年度
地方上級

1 抵抗率は, 導体の長さ 1m, 断面積 $1m^2$ 当たりの抵抗を表し, 物質の種類や温

度による定数であり, 銅の抵抗率はニクロムのそれよりも ~~大きい~~。
　　　　　　　　　　　　　　　　　　　　　　　　　小さい

2 導体の温度が上がると, 導体中の陽イオンの熱運動が活発になり, 自由電子が

~~動きやすくなる~~ため, 導体の抵抗は ~~減少~~ する。
動きにくくなる　　　　　　　　　　　　　　増加

3 抵抗のある導体に電流を流すと, 導体の温度が上昇するが, 電熱器や白熱電球

は, この性質を利用したものである。

4 ~~超伝導~~ とは, 気体に強い電界を加えると電子を放出してイオン化し, 電流を導
プラズマ放電
くようになる現象である。

5 ~~プラズマ放電~~ とは, ある種の金属を $-269℃$ ぐらいの非常な低温にすると, 電
　　超伝導
気抵抗が急激に 0 になる現象である。

解説　難易度 ★ ☆ ☆　重要度 ★★★

1 電線に用いられる銅と電熱線に用いられるニクロムでは，銅のほうが抵抗が小さいはずである。

銅の抵抗率は約 1.6×10^{-8} Ω・m，ニクロムの抵抗率は約 110×10^{-8} Ω・m であり，銅のほうがずっと小さい。銅の【Ⓐ　　　　】伝導性は銀に次いで大きいため，電線などに使われている。また，【Ⓑ　　　　】伝導性も銀に次いで大きいため，炊飯器などに利用されている。ニクロムはニッケルとクロムの合金で，電気抵抗が大きく発熱量が大きいことから，トースターなどに利用される。

2 一般に，導体の抵抗は温度とともに大きくなる。

金属に流れる電流は自由電子の移動によるものだが，温度が上がると金属中の【Ⓒ　　　　】の熱振動によって，電子の運動が妨げられるので，抵抗が大きくなる。

3 正しい。白熱電球は，高温にした物質が光を放射する性質を利用した照明である。金属では最も融点の高い【Ⓓ　　　　】などをフィラメントに使用している。

4 「イオン化」などの言葉から，超伝導とは特に関係がないと判断できる。

これは【Ⓔ　　　　】放電の説明である。原子は，一般に正電荷の原子核と負電荷の複数の電子が結合した，全体として中性の状態であるが，高温にしていくと，負の電子と正のイオンまたは原子核に電離した状態になる。このような状態は【Ⓔ　　　　】状態と呼ばれ，恒星の内部や地球上空の電離層など自然界に存在するだけでなく，蛍光灯や【Ⓕ　　　　】炉など人工的に【Ⓔ　　　　】状態を作りだして利用することもある。

5 「電気抵抗が」「0 になる」ことから，超伝導の説明である。

これは超伝導の説明である。水銀を冷却していったときに，−269℃で突然電気抵抗が 0 になることが発見されたのが，超伝導の始まりである。その後，多くの元素や化合物が超伝導現象を起こすことが確認された。

🔑 Point

☐ 導体の抵抗は，温度が上がると，陽イオンの熱振動に電子の運動が妨げられるため，大きくなる。

☐ 中性の原子が，負の電子と正のイオンまたは原子核に電離した状態をプラズマ状態という。

Ⓐ：電気，Ⓑ：熱，Ⓒ：陽イオン，Ⓓ：タングステン，Ⓔ：プラズマ，Ⓕ：核融合

導体と電流

電気に関する記述として妥当なのはどれか。

平成14年度
国税専門官

1 豆電球を導線で乾電池の正極と負極の間につなぐと，豆電球が点灯する。これ

は，導線中に電界（電場）が生じ，~~自由電子が電界と同じ向きに絶えず一定の~~
　　　　　　　　　　　　自由電子が電界と逆向きに全体として移動

~~速度で移動し，乾電池の正極からは自由電子が供給され続ける~~からである。
　　　　　　　導線内に自由電子が多数存在する

2 ある水溶液が，酸性か，アルカリ性かを判別するために電極を入れたところ電

気が流れたので，~~アルカリ性であることがわかった。~~これは，アルカリ性水溶
　　　　　　　⮕電気が流れるだけでは酸性かアルカリ性か判別できない

液内では，正のイオンは電界の向きに，負のイオンはその反対の向きに移動す

るが，~~酸性水溶液ではこの現象が生じない~~ためである。
　酸性水溶液でもイオンの移動の向きは同様である

❸ 白熱電球に加える電圧を変えて，流れる電流を調べると，電圧と電流は必ずし

も比例しないことがわかる。これは，<u>電球のフィラメントの抵抗が温度によっ</u>

<u>て変化し，電圧が高く，電球が明るく光るほど抵抗が大きくなるため</u>である。

4 砂糖を溶かした水溶液中にニクロム線を入れ，電気を流して水温を計測したと

ころ，温度が上昇していた。これは，~~砂糖の粒子~~がニクロム線の導体中を移動
　　　　　　　　　　　　　　　　　自由電子

する~~電子~~に衝突することで，熱が発生したためである。
　陽イオンなど

5 二つの金属板からなる平行板コンデンサーを導線で乾電池とつなぎ，この金属

板の距離を徐々に遠ざけると，~~より多くの電気が蓄えられた。~~これは，金属板
　　　　　　　　　　　　　蓄えられる電気量が減少した

を遠ざけることで，~~自由電子が蓄えられる空間の体積が増えた~~ためであり，金
　　　　　　　　　電気容量が減少した

属板の面積を~~大きく~~することでも同じことが起こる。
　　　　　　小さく

解説

難易度 ★☆☆　重要度 ★★★

1 電子の持つ電荷は負であるから，電子の流れ（負→正）は電流の流れ（正→負）の逆であることを押さえていれば，誤りと判断できる。導線に電池をつなぐと，導線内に電池の正極から負極に向きに電界（電場）ができる。導線中には，負の電荷を持つ自由電子が多数あり，自由電子はこの電界から電界の向きと【**A**　　　　】向きの力を受けて移動する。この際に，自由電子は負極のほうへスムーズに移動するわけではなく，導線内の陽イオンなどに衝突してその運動エネルギーは導線に発生する【**B**　　　　】熱に変換される。自由電子は，全体として平均すると正極から負極へ移動することになるが，この向きは電流の向きと【**C**　　　　】向きである。なお，電池が自由電子を供給するわけではなく，電池の作る電界によってもともと導線内にある自由電子が動かされる。

2 水溶液に電気を通すのは，アルカリ性の水溶液に限ったことではないことから，誤りと判断できる。水溶液中にイオンが存在するため電気を通すのであり，酸性やアルカリ性といった液性には関係はない。

3 正しい。一般に，金属の抵抗は温度が高くなると大きくなる。白熱電球では，ジュール熱によって2500℃ほどの高温にすることで，可視光を含むいろいろな波長の電磁波が放射されている。

4 砂糖の粒子がニクロム線の中にある電子に衝突するとは考えにくいので，誤りと判断できる。熱が発生するのは，ニクロム線からの【**D**　　　　】熱によるものである。

5 電気を蓄える能力を表す電気容量 C は，平行板コンデンサーでは，極板の面積 S に比例し，極板間の距離 d に反比例することを覚えておこう。平行板コンデンサーの電気容量 C は，次の形で表される。

$$C = \varepsilon \frac{S}{d} \quad (\varepsilon は誘電率と呼ばれる定数)$$

このコンデンサーを起電力 V の電池につなぐと，$Q = CV$ の電荷が蓄えられる。以上から，電池をつないだまま，d を小さくしたり，S を大きくすると C は【**E**　　　　】なり，Q は増加する。

Point

- [ ] 電流の向きは，電子の流れる向きと逆である。
- [ ] 金属では，一般に温度が高くなると抵抗が大きくなる。
- [ ] 平行板コンデンサーの電気容量は，極板の面積に比例し，極板間の距離に反比例する。

A：反対（逆），**B**：ジュール，**C**：反対（逆），**D**：ジュール，**E**：大きく

電流に伴うエネルギー

電気に関する次の A ～ C の記述の正誤の
組合せとして最も適当なのはどれか。

平成24年度
裁判所

A 電気器具の故障の原因で多いのが回路の断線と短絡（ショート）である。回路
の短絡とは，回路中の予定外の2点の間に直接電流が流れるようになった状態
である。回路が短絡すると，過剰なジュール熱が発生し，しばしば火災の原因
にもなる。

B 発電所で作られた電気を遠方の地域に送る際には，電圧をできるだけ高くする。
同じ量の電力を送るとき，電圧が高ければ電流も大きくなり，送電線で失うエ
　　　　　　　　　　　　　　　　　　　　　は小さ
ネルギーが少なくなるからである。

C 一般に，金属の温度を上げると金属原子の振動が激しくなり，電気抵抗は小さ
　　　　　　　　　　　　　　　　　　　　　　　　　　　　　　　　大き
くなる。

	A	B	C
1 ……	正	正	正
2 ……	正	誤	正
3 ……	正	誤	誤
4 ……	誤	正	誤
5 ……	誤	誤	誤

難易度 ★★ 重要度 ★★

A 正しい。回路中の一部の導線が断線すると，そこには電流が流れなくなり，電気器具が働かなくなったりする。一方，短絡（ショート）により回路中で裸の導線同士が接触したりすると，断線とは逆に大きい電流が流れてしまうことがある。電流にはジュール熱と呼ばれる発熱が伴い，大きい電流ほど発熱が大きくなるから，火災を起こす危険がある。

B 発電所で作られるような電力を遠方に送る場合は，高い電圧にして送るほうがエネルギー損失が少なくて済む。電力 P（単位は [**A**   ]）は，電圧 V のところを電流 I が流れるときになされる1秒間当たりの [**B**   ] のことで，$P = VI$ である。電力 P を送電するとき，$V_1 > V_2$ の2つの電圧で送る場合を比べると，$P = V_1 I_1 = V_2 I_2$ であるから，電流は $I_1 < I_2$ となり，高電圧のほうが電流が小さい。送電線の抵抗を R とすると，発生するジュール熱は $I^2 R$ となるので，電流が小さいほうがジュール熱が少ない。つまり，送電するときはできるだけ高い電圧で送るとエネルギー損失を少なくできる。実際は，あまりに高い電圧は放電などの危険があるので，発電所から変電所まで15～100万Vくらいの電圧で送られている。

C 金属では，規則的に金属原子が並んだ結晶が形成されていて，そのまわりを電気的な力を受けた [**C**   ] が移動することによって電流が流れる。温度を上げると，金属原子の振動が激しくなり，[**C**   ] の移動が妨害される。したがって，一般に温度を上げると電気抵抗が増大する。なお，[**D**   ] 体では温度を上げると逆に電気抵抗が減少する。

Point

☐ 発電所から高電圧で送られてきた交流の電力を，低電圧で利用するには，変圧器（トランス）を使って電圧を下げる。

- -

☐ 電力量とは，ある時間内に電源や電流がする仕事の量のことである。電力量の単位としてジュール（J）のほかに，ワット時（Wh）やキロワット時（kWh）を用いる。

A：ワット，**B**：仕事，**C**：自由電子，**D**：半導

半導体を利用した素子

半導体に関する記述として最も
妥当なのはどれか。

平成28年度
国家総合職

1 半導体とは，電圧によって電気を通したり通さなかったりする物質をいい，例
不導体より電気を通しやすいが導体よりも電気を通しにくい
として電気回路の抵抗器として用いられるニクロムなどがある。一方で，電圧
ケイ素やゲルマニウム
によらず電気を通しにくい物質を不導体といい，例として天然ゴムやポリエチ
通常の電圧で
レンなどがある。

2 ダイオードとは，単一の元素からなる2種類の半導体をはり合わせ，その両端
不純物半導体であるp型半導体とn型半導体
に電極を取り付け，電流を流せるようにした素子である。ダイオードには，交
流を直流に変換する整流作用があり，家庭用のコンセントやノートパソコンの
➡整流のためのダイオードは使われていない
充電器などに利用されている。

3 ダイオードは，通常，一方向にのみ電流が流れ，逆方向に電圧を加えても高い
この方向を順方向という
エネルギー障壁があるため電流はまったく流れない。発光ダイオード（LED）
は，この障壁を越えるほど大きい電圧を加えたときに，電子が持っていたエネ
順方向に
ルギーが光として放出される原理を利用したものである。

4 LED には，ガリウムヒ素（GaAs）などの化合物からなる半導体が用いられて
いる。赤色や緑色の光に比べエネルギーが大きい青色の光を出す LED は，日
本人によって開発され，これによって光の三原色がそろい，LED の白色化が
可能となった。

5 トランジスタとは，銅などの導体の間に半導体を挟んだもので，微弱な電流の
3つの不純物半導体を組み合わせたもの
変化を大きな電流の変化に変えることができる素子である。トランジスタは，
携帯電話の非常に弱い電気信号を増幅させて音声に変換したり，太陽光を電気
エネルギーに変換したりするのに用いられている。
➡太陽光を電気エネルギーに変換するのは太陽電池である

解説　難易度 ★★★　重要度 ★

1 電気をよく通す物質を [**Ⓐ**　　　　　]，電気を通さない物質を不導体（絶縁体）といい，半導体は電気の通しやすさが導体と不導体の中間の物質とされる。電圧によって電気を通したり通さなかったりする物質を半導体というわけではない。半導体の顕著な特徴は温度が上がると電気を通しやすくなることである。温度が上がると電気を通しにくくなる金属などの導体とは正反対の性質を持つ。

2 半導体には，ケイ素やゲルマニウムのような単一の元素からなる [**Ⓑ**　　　　　] と，これに微量の他の元素を混入した不純物半導体がある。不純物半導体には p 型半導体と n 型半導体がある。半導体ダイオードは，真性半導体ではなく不純物半導体である p 型半導体と n 型半導体を接合した構造をしている。

3 ダイオードには電流を流せる向きと流せない向きがあり，整流作用はこの性質を利用したものである。発光ダイオード（LED）はダイオードと基本的には同じものであり，[**Ⓒ**　　　　　] の電圧を加えたときに接合面付近から出る光の色（波長）や強度がうまく出るようにしたものが LED である。

4 正しい。1960～1970 年頃までに赤色 LED，緑色 LED が発明されていたが，青色 LED はなかなかできなかった。1989～1993 年に赤崎勇，天野浩，中村修二らによって青色 LED が開発され，この 3 人は 2014 年にノーベル物理学賞を受賞した。

5 トランジスタには電流の小さな変化を電流の大きな変化にする [**Ⓓ**　　　　　] がある。コンピュータに使われるマイクロプロセッサのわずか数センチのチップには，膨大な数の電界効果トランジスタが集積されている。

🔑**Point**

☐ 電流の担い手をキャリアといい，n 型半導体では電子，p 型半導体ではホール（正孔）がキャリアである。

- -

☐ 太陽電池は，n 型半導体と p 型半導体を組み合わせた素子で，発光ダイオードとは逆に，光エネルギーを電気エネルギーに直接変換する。

Ⓐ：導体，Ⓑ：真性半導体，Ⓒ：順方向，Ⓓ：増幅作用

直流と交流

電気の直流と交流に関する記述として，妥当なのはどれか。

平成30年度
地方上級

1 電圧や電流の向きが一定の電気のことを直流といい，電圧や電流の向きが周期的に変化する電気のことを交流という。

2 変圧器（トランス）を用いることにより，交流の周波数を変化させることができるが，電圧や電流を変化させることは~~できない~~。

できる

3 日本において，家庭に供給される交流の周波数は，~~本州では~~50ヘルツであり，

本州の東半分と北海道

~~北海道，四国および九州~~では60ヘルツである。

本州の西半分と四国および九州

4 ~~蛍光灯~~，パソコンでは交流を直流に変換して使用されるが，~~テレビ，DVDプ~~

テレビ,DVDプレーヤー　　　　　　　　　　　　　　　　　　　　蛍光灯

~~レーヤー~~では直流に変換されず，交流のまま使用される。

5 発電所から変電所に送電するときは，電力損失を小さくするため，~~直流100ボ~~

高電圧の交流

~~ルトの低電圧~~で送電され，変電所で~~交流100ボルトに変換して~~家庭に供給される。

電圧を少しずつ下げた後，電柱の変圧器で

交流100ボルトや200ボルトに変換して

解説

難易度 ★ 重要度 ★★★

1 正しい。交流における周期的な変化を［**A**　　］で表し、単位は［**B**　　］である。1秒間に50周期変わる（向きが逆になって元に戻るまでを50回繰り返す）場合は50［**B**　　］である。

2 変圧器は電圧を変えることが目的であり、それに伴って電流も変わる。変圧器は直流で用いることが［**C**　　］。

3 日本において、50ヘルツと60ヘルツは本州の真ん中付近（静岡県の富士川付近と新潟県の糸魚川付近）で分かれている。それより東は［**D**　　］ヘルツ、西は［**E**　　］ヘルツである。

4 家庭に供給される電気は交流であり、家電製品の多くは内部で交流から直流に変換している。パソコンでは多くの場合、交流を直流に変換するACアダプタが使用される。しかし、蛍光灯は交流をそのまま用いており、高速で蛍光灯を撮影すると明暗を繰り返しているのがわかる。ただし、人間の目には常に光っているように見える。

5 一般に、電力損失は電流の2乗に比例する。電力は電圧と電流の［**F**　　］であるから、一定の電力において電圧を上げると、電流は［**G**　　］、電力損失は小さくなる。変電所では6,600ボルトまで変換してから送電し、大型ビル内や電柱上の変圧器で100ボルトや200ボルトに変換される。最近では日本でも200ボルトのコンセントも増えており、電気自動車の充電やエアコン、電子レンジなどに用いられている。

Point

- [ ] 日本の家庭では、東半分で50ヘルツ、西半分で60ヘルツの交流が用いられている。
- [ ] 多くの家電製品は内部で直流に変換しているが、蛍光灯は交流のまま用いている。
- [ ] 電力損失を抑えるため、発電所からは高電圧の交流電流が送電され、変電所で少しずつ電圧を下げたあと、変圧器で100ボルトや200ボルトに変換して家庭に供給される。

A：周波数, **B**：ヘルツ, **C**：できない, **D**：50, **E**：60, **F**：積, **G**：下がり

物理019

磁場

**磁場に関する記述として,
妥当なのはどれか。**

平成19年度
地方上級

1 磁石にはN極とS極とがあり,N極とN極との間またはS極とS極との間には,
磁場が~~生じない~~が,N極とS極との間には,磁場が生じる。
　　　　生じる

2 磁力線は,向きを持ち,磁場の向きを表しており,磁石の周りの磁力線は,~~S~~
　　　　　　　　　　　　　　　　　　　　　　　　　　　　　　　　　　　　N
極から出て~~N~~極に入る。
　　　　S

3 磁力線の密度が疎なところは,磁力線の密度が密なところに比べて,磁場の強
さが~~強い~~。
　　弱い

4 直線電流の周りに生じる磁場の強さは,電流が大きいほど~~弱く~~,直線電流から
　　　　　　　　　　　　　　　　　　　　　　　　　　　　強く
離れるほど~~強い~~。
　　　弱い

5 直線電流の周りに生じる磁場の向きは,右ねじを直線電流の向きに進むように
回すとき,右ねじを回す向きと同じである。

解説

難易度 ★ 重要度 ★★

1 同種の極の間にも反発力が生じることから判断しよう。

磁場（磁界）は，磁石の極の間に働く力を伝える空間の状態で，N極の周りにもS極の周りにも生じている。N極とS極の間には【🅐　　　　　】，同種の極の間には反発力が働くから，どの極の間にも磁気力を伝える磁場があると考えられる。

2 磁力線（じりょくせん）の向きは，磁石のN極から出てS極に入る向きに決められていることを覚えておこう。

方位磁針の針の向きが，その場所での磁力線の向きになる。地球上では方位磁針の針は北（North）を向くが，これは地球上には南極から北極へ向かう向きの磁力線があることを示している。この磁力線が，地球全体が巨大な磁石のために生じているとすると,北極が【🅑　　　　】極,南極が【🅒　　　　】極に対応していることになる。

3 磁力線の密度が磁場の強さを表すことを覚えておこう。

磁力線は，磁場の様子を表すための線であるが，磁場の向きは磁力線に沿う向き，磁場の強さは磁力線が密なほど強くなるようにしてある。電場を表すのにも，同様な【🅓　　　　　】を考える。【🅓　　　　　】に沿う向きが電場の向き，【🅓　　　　　】が密なほど電場が強い。

4 「電流が大きいほど弱く」や「直線電流から離れるほど強い」とすると，弱い電流から遠く離れた場所に強い磁場が生じることになり，ありそうもないと判断できる。

大きさ I〔A〕の直線電流の周りにできる磁場の強さ H〔H/Wb〕は，Iに比例し，直線電流からの距離 r〔m〕に反比例する。

5 正しい。直線電流による磁場の強さ H〔H/Wb〕は，$H = \dfrac{I}{2\pi r}$ であり，磁場の向きは，右手親指の向きを直線電流の向きに合わせ，残りの4本の指で直線電流をつかむようにしたとき，4本の指の指す向きとなる。

Point

- [ ] 磁力線には，磁石のN極から出てS極に入る向きが決められていて，磁力線に沿う向きは磁場（磁界）の向きになる。

- [ ] 磁力線が密な場所ほど，磁場が強い。

- [ ] 直線電流の周りには磁場が作られる。強さは,電流の大きさに比例し,直線電流からの距離に反比例する。向きは，電流の向きを右ねじの進む向きとしたとき，右ねじを回す向きになる。

🅐：引力, 🅑：S, 🅒：N, 🅓：電気力線

電流・電磁波

電流や電磁波に関する記述として
最も妥当なのはどれか。

令和元年度
国家総合職

1 乾電池から得られるような,向きが一定の電流を**直流電流**という。これに対し,家庭用コンセントから得られるような,向きが周期的に変化する電流を交流電流という。家庭用100Vの電圧は,実際に測定すると100Vよりも大きな振幅で変動しており,100Vはその実効値を示している。

2 交流電流を直流電流に変換するために用いられる**変圧器**は,巻数が異なる2つのコイルを共通の鉄心に巻き付けた構造をしている。一方のコイル(一次コイル)に交流電流を流すと,**電磁誘導**によってもう一方のコイル(二次コイル)に直流電流が流れる。一次コイルと二次コイルの電圧の比は,それぞれのコイ
交流電流
ルの巻数の逆数の比に等しい。
　　　　　比

3 電磁波は,空間を波として伝わる電気と磁気の振動であり,媒質のない真空中では伝わらない。電磁波はその速さによって性質が大きく異なり,電波やX線,
　　　　伝わる　　　　　　　　　　　波長または振動数
α線などに分類されている。X線やα線は,電波に比べて非常に速く,化学結
γ線　　　　　　　　　　　　γ線　　　　　　　　　　波長が非常に短く
合を促進したり破壊したりする性質が強いため,人体に有害な場合が多く,注意が必要である。

4 電磁波は,音波と同様に,物体に当たると反射したり,屈折したりする波としての性質を持っている。しかし,物体に光を当てると後方に影ができることからわかるように,電磁波は直進性が強いため,回折はほとんど生じない。また,
　　　　　　　　　　↪電磁波も波であるから回折がみられる
電磁波は重なり合ってもほとんど干渉しないため,携帯電話や無線LANにも
　　　　　　　　　↪干渉がみられる
電磁波が用いられている。

5 γ線の一種である**マイクロ波**は,電子レンジに利用されており,物体に含まれ
電波
る水分子の化学結合を破壊することによって物体にエネルギーを与え,温度を
　　　　　　　　を激しく振動させる
上げている。また,紫外線は,テレビのリモコンに利用されているほか,物体
　　　　　　　　赤外線
を温める働きがあることから熱線とも呼ばれており,電気ヒーターなどの暖房器具にも利用されている。

解 説

難易度 ★★ 重要度 ★★★

1 正しい。磁場中でコイルを一定の速さで回転させると，コイルの両端に周期的に変化する誘導起電力が発生する。このように周期的に電圧の向きが逆転する電圧を【**Ⓐ**　　】電圧といい，それによって流れる電流を【**Ⓐ**　　】電流という。それに対し，電圧の向きが変化しない電圧を【**Ⓑ**　　】電圧といい，それによって流れる電流を【**Ⓑ**　　】電流という。

2 2つのコイルを近接させ，コイル1に交流電流を流すと，コイル1では周期的に数が変化する磁力線が発生する。この影響を受け，近接させたコイル2では，コイルを貫く磁力線の数が変化し，電磁誘導による誘導起電力が発生する。電圧を入力したコイルを一次コイル，誘導起電力が発生したコイルを二次コイルといい，この原理を使って電圧を変換する装置を【**Ⓒ**　　】という。一次コイルと二次コイルの電圧はそれぞれの巻数と【**Ⓓ**　　】の関係にある。

3 電磁波は【**Ⓔ**　　】または【**Ⓕ**　　】によって性質が異なり，電波や赤外線，紫外線，X線，γ線などに分けられる。電波は無線や携帯電話，放送などの用途で使用され，赤外線は赤外線写真，紫外線は殺菌などで利用される。X線やγ線は医療などに用いられることもあるが，細胞内の遺伝子を傷つけるため注意が必要である。

4 電磁波も波であるから，回折や干渉がみられる。回折とは波の進路上に障害物を置いたとき，障害物の裏側にまで波が回り込む現象である。これにより，障害物があっても電波は幅広い範囲に届くため，携帯電話などに使用されている。また，波の進路上に隙間をあけた障害物を置くと，波が隙間を通過するときに回折する。このとき，隙間の幅が波の波長に比べて小さいほど回折する角度は大きくなる。

5 電子レンジは，料理や食材などの物体の中に含まれる水分子を，電磁波の一種である【**Ⓖ**　　】によって高速振動させ，この振動から生じる熱を使って料理を温める。

🔑 Point

☐ 一様でない磁場中でコイルを回転させると，コイルを貫く磁力線の数が変化し，交流が発生する。

☐ 電波の速度c＝振動数f×波長λで表すことができる。

☐ γ線は非常に波長の短い電磁波である。また，γ線は磁場内でも力を受けずに直進する。

Ⓐ：交流，**Ⓑ**：直流，**Ⓒ**：変圧器，**Ⓓ**：比例，**Ⓔ**：波長，**Ⓕ**：振動数，**Ⓖ**：マイクロ波

電流と磁場

電流と磁場に関する記述として，最も妥当なのはどれか。

令和3年度
消防官

1 十分に長い直線電流がつくる磁場の強さは，~~電流からの距離には関係がない。~~
電流からの距離に反比例する

② 円形電流が円の中心につくる磁場は，円の半径が小さいほど強い。

3 ソレノイドの電流の向きに~~左手~~の親指以外の指先を合わせると，親指の向きが
右手
ソレノイド内部における磁場の向きになる。

4 ~~フレミングの左手の法則~~とは，誘導起電力は，それによって流れる誘導電流の
レンツの法則
つくる磁場線が，外から加えられた磁力線の数の変化を打ち消すような向きに

生じることをいう。

5 ~~レンツの法則~~とは，コイルの巻き数が大きいほど，誘導起電力が強くなること
ファラデーの電磁誘導の法則
をいう。

解 説 難易度 ★★★ 重要度 ★★

1 直線電流による磁界はアンペアの右ねじの法則により，図のように円形の磁界になる。式で表すと $H = \dfrac{I}{2\pi r}$ となり，H〔A/m〕は磁界の強さ，I〔A〕は電流の強さ，r〔m〕は電流の流れる導体からの距離である。よって距離が遠いほど磁界の強さは【**A**　　】。

2 正しい。円形電流による磁界はアンペアの右ねじの法則により円の中心では，直線型の磁界になる。式で表すと，$H = \dfrac{I}{2r}$ となり，H〔A/m〕は磁界の強さ，I〔A〕は電流の強さ，r〔m〕は円形の半径である。よって半径が小さいほど，磁界の強さは【**B**　　】。

3 ソレノイドとは，導体を円筒状に巻いたものをいう。**2**と同様に磁界はアンペアの右ねじの法則により，直線状の磁界となる。式で表すと，$H = \dfrac{NI}{2l}$ となり，H〔A/m〕は磁界の強さ，N〔回〕は円筒状に導線を巻いた回数，I〔A〕は電流の強さ，l〔m〕はソレノイドの全長とする。

4 フレミングの左手の法則とは，磁場内において電流が流れる導体に力が発生する現象のそれぞれの向きの関係性を表したものである（57ページ参照）。中指が電流の向き，人差し指が磁界の向き，親指が導体の受ける力の方向である。電磁誘導は，コイルを貫く【**C**　　】が変化すると，電磁誘導によってコイルに【**D**　　】が発生し，その【**D**　　】によりコイルに誘導電流が流れる。【**E**　　】の法則とは，誘導電流がコイルを貫く磁束の変化を妨げるような向きに生じることをいう。

5 ファラデーの電磁誘導の法則とは，電磁誘導において，誘導起電力の大きさはその回路を貫く【**F**　　】の変化の割合に比例することをいう。式で表すと $\varepsilon = -N\dfrac{\Delta \phi}{\Delta t}$ となり，ε は誘導電圧，Nはコイルの巻数，$\Delta\phi$は磁束の変化，Δtは時間の変化を表している。

Point

☐ 磁場内において電流が流れる導体に発生する力のことをローレンツ力という。

☐ 磁束が変動する環境下に存在する導体に電位差が生じる現象を電磁誘導という。

☐ 電磁誘導によって生じる電流を誘導電流という。

A：弱くなる，**B**：強くなる，**C**：磁束，**D**：誘導起電力，**E**：レンツ，**F**：磁界

直流モーター

次の記述のア～エに当てはまる語句の組合せとして，最も妥当なのはどれか。

平成25年度
消防官

　下の図のように，2つの磁石の間にコイル ABCD を置いた直流モーターがある。この2つの磁石の間の磁場の向きは（　**ア**　）の向きである。今，コイル ABCD
N→S　　　●磁場の向きはN極からS極の向き
に電流を ABCD の向きに流すと，フレミングの左手の法則のとおり，コイルの辺 AB は磁場から，（　**イ**　）向きの力を受け，コイルの辺 CD は磁場から（　**ウ**　）
下
上
向きの力を受けるので，コイルは回転を始める。このとき整流子はコイルととも に回転するが，ブラシは固定されている。そしてコイルが半回転するごとに，整 流子によってコイルの辺 AB に流れる電流の向きが（　**エ**　）ので，コイルは同
反転する
じ向きに回転し続ける。

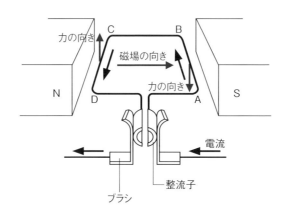

	ア	イ	ウ	エ
1 ……	N→S	~~上~~	~~下~~	~~維持される~~ ●コイルが半回転すると回転を妨げる向きの力が働いてしまう
2 ……	N→S	下	上	反転する ●回転する向きを一定に保つ向きの力が働く
3 ……	N→S	~~上~~	~~下~~	反転する
4 ……	~~S→N~~	下	上	反転する
5 ……	~~S→N~~	~~上~~	~~下~~	~~維持される~~

解説 　難易度 ★★　重要度 ★★

ア 磁石によって作られる磁場は，磁石のN極からS極に向かう向きと定められている。したがって，問題の図では右向きの矢印で表されることになる。図のコイルがあるN極とS極の間に磁針を置けば，磁針のN極は磁場から力を受けて磁石の【**Ⓐ**　　　　】極のほうをさす。

イウ フレミングの左手の法則は，磁場の向き（人差し指）と電流の向き（【**Ⓑ**　　　　】指）とその磁場中で電流が磁場から受ける力の向き（【**Ⓒ**　　　　】指）の関係を表す。左手の人差し指を磁場の

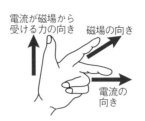

電流が磁場から受ける力の向き
磁場の向き
電流の向き

向きである図の右向きに合わせて，このフレミングの左手の法則を適用すれば，問題の図にある電流の向きでは，ABが下向き，CDが上向きの力を受けることがわかるから，コイルは時計回りに回り出す。コイルの辺BCと辺DAも，磁場と【**Ⓓ**　　　　】でなければ磁場から力を受けるが，その向きはコイルを軸の周りに回転する向きではなく，またBCとDAに働く力はつりあう向きとなるので，コイルの回転にはABとCDに働く力だけを考えればよい。

エ コイルは図の状態から半回転すると，ABはもとのCDの位置にくるので，AからBの向きの電流のままでは下向きの力を受けて反時計回りに回されてしまう。そこで，直流モーターでは，同じ向きにコイルが回り続けるように，整流子とブラシで半回転ごとにコイルに流れる電流の向きを反転させている。

Point

☐ 直線状の平行な2本の導線に，同じ向きの電流を流すと2本の導線には引力が働き，反対の向きに電流を流すと2本の導線には斥力（せきりょく：反発し合う力）が働く。

- -

☐ 磁場中を磁場の向きと異なる向きに運動する荷電粒子は力（ローレンツ力）を受ける。磁場の向き，粒子の運動する向き，力の向きの関係はフレミングの左手の法則で表される。

Ⓐ：S, Ⓑ：中, Ⓒ：親, Ⓓ：平行

物理023

電磁波の性質

電磁波に関する記述として，最も妥当なのはどれか。

平成29年度
警察官

1 ~~振動数の小さい~~ほうから順番に，γ線，X線，紫外線，可視光線，赤外線，電
　　振動数の大きい，または波長の短い
波に大きく分類される。

2 熱放射の電磁波はその物体内の主として電子の熱運動によって放出され，その
波長による強さの分布は物体の種類にはよらず，物体の温度のみによって定ま
る。

3 電子レンジは電波の一種である~~赤外線~~を用いて食品の加熱を行っているが，~~赤~~
　　　　　　➡電波も赤外線も　マイクロ波　　　　　　　　　　　　　　マイクロ波
　　　　　　電磁波の一種

~~外線~~が食品中の水分子を運動させることで加熱する。

4 テレビの電波は周波数が高くなるほど雨による影響を受け~~に~~く~~く~~なるため，特
　　　　　　　　　　　　　　　　　　　　　　　　　　　　やす
に周波数の高い衛星放送の電波は大雨の影響を~~ほとんど受けない~~。
　　　　　　　　　　　　　　　　　　　　　よく受ける

5 ~~赤外線~~には殺菌作用があるため，殺菌ランプとして利用され，260nm付近の
　　紫外線
波長を持つ~~赤外線~~の殺菌効果が最も高いとされている。
　　　　　紫外線

警察官

1 電磁波は，振動数または波長によって分類され，波長が短いほうから順番にγ線，X線，紫外線，可視光線，赤外線，電波である（下表参照）。波長と振動数は反比例の関係にあるため，この順番は振動数の【**A**　　】順でもある。波長と振動数が反比例するのは，波の一種である電磁波の速さが一定であり，波の速さ＝【**B**　　】×【**C**　　】が成り立つためである。また，日常生活で「光」と呼んでいるものは，電磁波のうちの【**D**　　】にあたる。

名　称	波長(m)	用途など
電波	$10^5 \sim 10^{-4}$	通信，放送，加熱
赤外線	$10^{-4} \sim 7.7 \times 10^{-7}$	加熱，医療，通信
可視光線	$7.7 \times 10^{-7} \sim 3.8 \times 10^{-7}$	光学機器，通信
紫外線	$3.8 \times 10^{-7} \sim 10^{-10}$	殺菌，医療
X 線	$10^{-8} \sim 10^{-12}$	医療，結晶構造解析
ガンマ γ 線	$10^{-11} \sim$	検査，医療

2 正しい。熱放射の波長は，温度の上昇につれて【**E**　　】なる。

3 赤外線は電波の一種ではない。電波と赤外線はどちらも【**F**　　】の一種である。なお，電子レンジはその電波の中のマイクロ波を用いて食品の加熱を行う。

4 一般に，周波数の高い衛星放送の電波は【**G**　　】が高まるため，物体を透過しにくくなる。そのため，雨の影響を受けやすい。それでも，周波数が高いほど直進しやすく，【**H**　　】しにくいため，高周波数の電波が衛星放送に用いられている。

5 最も殺菌効果がある波長は254nmである。紫外線は，海外では水の殺菌に使われることもある。日本でも美容院や理髪店でくしの消毒に使われることがある（青っぽい光を発して照らしている）。

Point

☐ 電磁波のうち，可視光線が日常生活において「光」と呼ばれている。

☐ 周波数の高い電波ほど直進しやすく，拡散しにくい。しかし，反射性も高まるため，物体を透過しにくく，雨などの影響を受けやすい。

A：大きい，**B**：波長，**C**：振動数，**D**：可視光線，**E**：短く，**F**：電磁波，**G**：反射性，**H**：拡散

物理024

レンズの性質

レンズに関する記述として，妥当なのはどれか。

平成18年度
地方上級

1 レンズは，凸レンズと凹レンズとに分けられ，凸レンズは，レンズの周辺部が
中心部に比べ~~厚い~~形状をしている。
　　　　　　　　薄い

2 凸レンズでは，レンズを通過する光線のうち，光軸に平行な光線は，入射側の
反対側にある焦点に集まる。

3 凸レンズでは，物体が焦点の位置にあるとき，物体と同じ大きさの正立の実像
が物体の置かれていない側に~~できる~~。
　　　　　　　　　　　　　　　　➡像は結ばない

4 凹レンズでは，物体が焦点の内側の位置にあるとき，物体に比べて~~大きな倒立~~
　　　　　　　　　　　　　　　　　　　　　　　　　　　　　　小さな正立
の虚像が物体の置かれて~~いない~~側にできる。
　　　　　　　　　　　　　いる

5 凹レンズは，レンズを通過する光線を広げる方向に屈折させ，~~遠視~~用のめがね
　　　　　　　　　　　　　　　　　　　　　　　　　　　　　　近視
のレンズとして用いられる。

60

地方上級

解説 ×月○日

難易度 ★☆☆　重要度 ★★★

1 凸レンズの中央部が厚く周辺部が薄くなっているのは、"凸"という字からもわかるだろう。

2 正しい。凸レンズに前方から平行な光線が入ると、光は後方の【**A**　　　　　】に集まる。凹レンズに前方から平行な光線が入ると、光は前方の【**B**　　　　　】から出たように広がる。

3 凸レンズでは、光が集まって実像を作るのは、焦点よりも離したときであることを覚えておこう。凸レンズでは、光源（物体）を焦点よりも離した位置に置くとき、【**C**　　　　　】立の【**D**　　　　　】像ができる。光源を焦点に近づけるほど、実像の位置はレンズから【**E**　　　　　】いき、焦点に達すると像を結ばなくなる。光源を焦点よりもレンズに近く置くと、【**F**　　　　　】立の【**G**　　　　　】像ができる。

4 凹レンズでは倒立の像はできないことを覚えておこう。凹レンズでは、光源を焦点よりも離しても近づけても、正立の虚像ができる。虚像の位置は、光源と同じ側の光源よりも凹レンズに近い位置にでき、虚像の大きさは、必ず小さくなる。

5 凹レンズをめがねに使って光線を広げるということは、物体が実際よりも近くにあるように見せることだから、遠くが見えない近視のためのレンズだと判断できる。

　近視の場合、下図のように遠くの物体に対して網膜の手前に像が結ばれ、物体がぼやけて見えてしまう。凹レンズを使って、遠くの物体の光を近くの物体の光であるかのように広げてやると、網膜上に像が結ばれはっきり見えるようにできる。

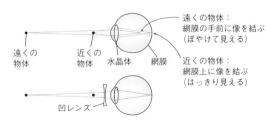

Point

□ 凸レンズでは、入射した平行光線は、反対側の焦点に集まる。

□ 凹レンズでは、入射した平行光線は、入射側の焦点から出たように広がる。

Ⓐ：焦点, Ⓑ：焦点, Ⓒ：倒, Ⓓ：実, Ⓔ：離れて, Ⓕ：正, Ⓖ：虚

物理025 光に関する現象

光に関する記述 A，B，C のうち，妥当なもののみをすべて挙げているのはどれか。

平成23年度
国税専門官

A 太陽光はさまざまな色の光が重なりあった光（白色光）であるが，葉が緑色に
見えるのは，葉の中の物質が，太陽光中の緑色の光を <del>吸収</del> し，残りの色の光を
　　　　　　　　　　　　　　　　　　　　　　　　　　反射
<del>反射</del> するためである。
吸収

B 宇宙の観測において，ある銀河からくる光の波長が，その銀河が静止している
と仮定したときの波長よりも長くなっている場合，光のドップラー効果から，
　　　　　　　　　　　　　　　　　　　　　●波源や観測者が動い
その銀河は観測点から遠ざかりつつあるといえる。　　ているときに起こる

C 光は，波動としての性質だけでなく，粒子としての性質を併せ持つ。これを波
動と粒子の二重性といい，ミクロの世界では波動と粒子を明確に区別すること
ができない。

1 ‥‥‥ A
2 ‥‥‥ A，B
3 ‥‥‥ A，C
④ ‥‥‥ B，C
5 ‥‥‥ C

国家専門職

難易度 ★★☆　重要度 ★★★

A 葉が緑色に見えるためには，葉か
ら観測する人の目に向かって，緑
色の光が反射されなければならな
いので，誤りとわかる。実際，葉
のような緑色の物体に，太陽光の
ようなすべての色の光を含む [**A**

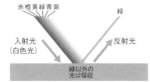

] 光が当たると，緑以
外の光は吸収され，緑の光だけが反射されることで，その物体が緑
に見えるような仕組みになっている。

B 正しい。音のドップラー効果の例として，走っている救急車からの
サイレンの音程がずれて聞こえる現象がある。音源が観測者から遠
ざかる向きに動いているときに発せられた音は，波長が長くなり，
観測される振動数が小さくなる。振動数が小さい音が音程の
[**B**　　　　] い音に対応している。光のドップラー効果の例には，
遠方の銀河からの光によるものがあり，天文学者ハッブルが遠くの
銀河からの光ほど波長が長い方にずれていることを発見した。さら
に，このずれが光のドップラー効果によるものとして

$v = H_0 D$

（v：銀河の遠ざかる速さ，H_0：比例定数，D：銀河までの距離）
のように，銀河は地球からの距離に比例した速さで遠ざかっている
ことを発見した（1929 年）。この発見は，宇宙が高温・高密度の小
さな状態からの爆発・膨張によって現在に至っているという
[**C**　　　　] 理論へとつながった。

C 正しい。光は干渉を起こすので波であるが，金属の表面に光を当て
ると電子が飛び出す [**D**　　　　] 効果を起こすことなどから，
光は粒子でもあると考えられた。これが波動と粒子の二重性といわ
れている性質である。光に限らず，電子など一つ二つと数えられる
粒子も波動性を持っていて，波動と粒子の二重性は，光や電子など
が持つ一般的な性質である。

Point

□ 身の回りの物体の多くは，その物体が特定の色の光だけを反射し，そ
れ以外の色の光を吸収するために，特有の色に見える。

- -

□ ドップラー効果は，波源や観測者の運動によって，観測される波の振
動数が，波源の出す波の振動数からずれる現象である。

A：白色, **B**：低, **C**：ビッグバン, **D**：光電

物理026

光の性質

光の性質に関する記述として
最も妥当なのはどれか。

令和元年度
国家一般職

1 光は, ~~いかなる媒質中も等しい速度で進む性質がある。そのため, 定数である~~
  ➜真空中が最も速く, 物質中では遅くなる   ➜真空中のみ定数
  光の速さを用いて, 時間の単位である秒が決められており, 1秒は, 光がおよ
  ➜1秒はセシウムの原子時計によって定められている
  ~~そ30万キロメートル進むためにかかる時間と定義されている。~~

2 太陽光における可視光が大気中を進む場合, 酸素や窒素などの分子によって散
  乱され, この現象は波長の短い光ほど強く起こる。このため, 青色の光は散乱
  されやすく, 大気層を長く透過すると, 赤色の光が多く残ることから, 夕日は
  赤く見える。

3 太陽光などの自然光は, さまざまな方向に振動する横波の集まりである。偏光
  板は特定の振動方向の光だけを~~増幅する~~働きを持っているため, カメラのレン
  　　　1つの振動面を持つ光だけを通過させる
  ズに偏光板を付けて撮影すると, 水面やガラスに映った像を~~鮮明に~~撮影するこ
  　　　　　　　　　　　　　　　　　　　　　　　　　　　　抑えて
  とができる。

4 光は波の性質を持つため, ~~隙間~~や障害物の背後に回り込む回折という現象を起
  　　　　　　　　　　　隙間の陰
  こす。シャボン玉が自然光によって色づくのは, シャボン玉の~~表面で反射した~~
  ~~光と, 回折によってシャボン玉の背後に回り込んだ光が干渉する~~ためである。
  ➜シャボン玉が色づくのは, 薄い膜で反射された光の干渉によるもの

5 光は, 絶対屈折率が1より小さい媒質中では, 屈折という現象により進行方向
  を~~徐々に変化させながら進む。~~通信網に使われている光ファイバーは, ~~絶対屈~~
  　　➜屈折が起こるのは境界面でのみ　　　　　　　入射角が臨界角より大きい
  ~~折率が1より小さいため, 光は光ファイバー中を屈折しながら進む。~~そのため,
  　　　　　　　　　　　　　　　　　　　全反射
  曲がった経路に沿って光を送ることができる。

解説 難易度 ★★ 　重要度 ★★★

1 光の速さは真空中でおよそ【**Ⓐ**　　　】m/s であり，物質中では真空中より遅くなる。

2 正しい。真空中での光の速さは波長によらず一定である。しかし，物質中の光の速さは波長によって異なり，波長が短いほど遅い。そのため，屈折率は波長が【**Ⓑ**　　　】ほど大きい。この波長の違いにより，光の色の違いが生じる。波長の長いほうから，赤，橙，黄，緑，青，藍，紫となる。また，人の目で感じられる光を【**Ⓒ**　　　】という。

3 光は横波であり，自然光はさまざまな方向の振動面を持った光の集まりであるが，これを偏光板に通すと，1つの振動面を持つ光だけが通り抜ける。この特定の振動面のみを持つ光を【**Ⓓ**　　　】という。自然光が反射すると，特定の方向の【**Ⓓ**　　　】を多く含むようになるため，水面やガラスの反射光で見えにくいときは，偏光板で反射光をカットするとよく見えるようになる。

4 シャボン玉には，虹のようなきれいな色がつく。この現象は，薄い膜で反射された光の【**Ⓔ**　　　】によって起こる。光が薄い膜に当たると，一部は膜の表面で反射し，残りはいったん屈折して膜の中に入り，裏面で反射して再度出てくる。この2つの光が互いに【**Ⓔ**　　　】する。

5 屈折率の大きい媒質である水中から，小さい媒質である大気中へ光が進むとき，入射角を徐々に大きくしていくと，屈折角が90°以上のとき，光は大気中側へは行かずに全反射するようになる。特に屈折角が90°の入射角を【**Ⓕ**　　　】という。

🔑 Point

- [ ] 光は横波である。
- [ ] 光が真空中から媒質中へ進むときの屈折率を絶対屈折率という。
- [ ] 1つの波長からなる光を単色光といい，いろいろな波長光が混じり白く見える光を白色光という。白色光をプリズムに通すと単色光に分かれるのは光の分散である。

Ⓐ：3.00×10⁸, Ⓑ：短い, Ⓒ：可視光線, Ⓓ：偏光, Ⓔ：干渉, Ⓕ：臨界角

電磁波の性質

電磁波についての以下の文の中に，
一つだけ正しい文がある。
最も適当なものを次のうちから選びなさい。

平成11年度
消防官

1 電磁波は，波長が短いほうが物質をよく透過する。

2 赤外線写真を使うと，遠くの霞んだ風景が，可視光線よりも鮮明に撮影できる。

これは，赤外線の波長が可視光線よりも ~~短く~~，ほこりのある空気中をよりよく
　　　　　　　　　　　　　　　　　　　　長く

透過するからである。

3 電磁波は波長が ~~短い~~ ほうが遠くまで届く。
　　　　　　　　長い

4 X 線は ~~レーザー~~ の一種である。
　　　　　　電磁波

5 レーダーには金属製のもの ~~しか映らない~~。
　　　　　　　　　　　　　　　以外も映る

消防官

解　説

難易度 ★☆☆　　重要度 ★★★

1 正しい。電磁波の波長と物質にもよるが，決まった幅の物質に電磁波を当てる場合，X線やγ線のような波長の短い電磁波は透過力が強い。

2 赤外線は可視光線よりも波長が長い電磁波であることを覚えておこう。

　　可視光線は，波長が $3.8 \sim 7.7 \times 10^{-7}$m の電磁波で，波長の短いほうの色は紫や【**Ⓐ**　　　　】の光，波長の長いほうの色は橙や【**Ⓑ**　　　　】の光である。可視光線よりも少し波長が短い領域の電磁波を【**Ⓒ**　　　　】線，可視光線よりも少し波長が長い領域の電磁波を【**Ⓓ**　　　　】線と呼ぶ。

　　赤外線写真に使用されるのは，近赤外線と呼ばれる【**Ⓓ**　　　　　　】線領域の中でも赤の光に近い波長のものである。また，物体から放射されている赤外線を測定して，物体表面の温度分布を知る装置は【**Ⓔ**　　　　】と呼ばれる。

3 大気中では波長が短いと減衰しやすく，波長が長いほうが遠くまで届く。真空中では波長に無関係に電磁波は遠くまで届く。

4 レーザーは，特定の性質を持った電磁波であることから判断する。

　　レーザーは，レーザー装置を使って人工的に発生させる，指向性・単色性・干渉性がよく高出力の光である。レーザーは，CD や DVD の読取，ポインター，加工，医療用メスなどに利用されている。X線自体は，高温の天体から発生したり，高電圧により飛び出した電子を陽極に衝突させて発生させたりするので，レーザーがなくても得られるが，レーザーのように指向性・単色性・干渉性がよいわけではない。レーザーの中には，X線を放出するものもある。

5 気象レーダーでは金属以外のものを観測していることから，誤りと判断できる。

　　レーダーは，電磁波を送ってそれを反射する物体があれば，その反射波を測定することで物体の位置などの情報を得る装置である。金属は電磁波をよく【**Ⓕ**　　　　】するので，レーダーに映りやすい。気象レーダーでは，雨粒のサイズに合わせた散乱しやすい波長の電磁波を使うことで，戻ってくる電磁波の測定により雨粒の位置などがわかる。

🔑Point

☐ 赤外線は可視光線よりも波長が長く，紫外線は可視光線よりも波長が短い。

- -

☐ レーザーは，レーザー装置で作られる指向性・単色性・干渉性に優れた光である。

Ⓐ：青，Ⓑ：赤，Ⓒ：紫外，Ⓓ：赤外，Ⓔ：サーモグラフィ，Ⓕ：反射

光の波としての現象

光に関する次の A〜C の記述の正誤の組合せとして最も適当なのはどれか。

平成25年度
裁判所

A 日食を観察するには，ピンホールカメラの原理を使う方法がある。厚紙など光を通さない薄いシートに小さな穴を開け，日食中の太陽の光を当てると，穴を通って影の中に映った太陽の光は欠けた太陽の形になる。このときの像は倒立像である。

B 空気中から水を張った水槽に光が入射すると，境界面で一部は反射し，一部は屈折する。水中では光の速度が遅くなるので，屈折角は入射角より~~大きく~~なる。
小さく

C 光がすき間や障害物の背後にまわりこむ現象を「回折」という。回折は，すき間や障害物の幅に対して波長が~~大きい~~ときはほとんど起こらないが，同程度~~以上~~になると目立つようになる。
小さい　　　　　　　以下

	A	B	C
1 ……	正	正	正
2 ……	正	誤	正
3 ……	正	誤	誤
4 ……	誤	正	正
5 ……	誤	誤	誤

解説

難易度 ★★　重要度 ★★

A 正しい。ピンホールカメラでは，右図のように，光源からの光を小さな穴に通すことによって，光源の一つの部分から出る光を，穴の後ろのスクリーン上の一つの部分にだけ届くようにしてある。図の光線からわかるように，できる像は上下も [**A**　　　　] も逆になった倒立像になる。

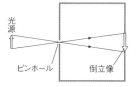

B 入射角や屈折角は，右図のように，境界面に垂直な法線と光線とのなす角であることに注意する。空気中よりも水中で光の進む速さは小さくなるが，波の進む速さは[**B**　　　　]（たとえば山の状態になっている点をつないだ面や線）が移動する速さであるから，波の振動数が反射や屈折で変化しないこととあわせると，右図の隣り合う波面の間隔（＝波長＝1周期で波が進む距離）が狭いほど波は遅いということになる。つまり，右図のように，空気中で波面の間隔が広く，水中で波面の間隔が狭くなり，波の進行する方向は波面に垂直であるから，入射角よりも屈折角のほうが小さくなる。

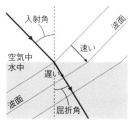

C 波の際立つ性質として回折が挙げられるが，その性質が目立って現れるのは，すき間や障害物の幅と同程度以上の波長の場合である。ピンホールカメラの穴の幅と光の波長では，光の波長が圧倒的に小さいために，回折を無視して，光は直進すると考えてよい。これで倒立像ができることは説明できる。光でもその波長と同程度以下の幅の穴を通せば，回折が目立つようになる。そのような複数の近接した穴に光を通すと，光の強い部分と弱い部分が交互に並んだ [**C**　　　　] 縞ができる。

□ ピンホールカメラの原理とは，光源からの光を小さな穴に通すと，光源の反対側に実像の倒立像が映されることである。

□ 屈折率の大きい物質ほど，その物質中での光の伝わる速さは小さい。

A：左右，**B**：波面，**C**：干渉

音と光

音や光に関する記述として最も妥当なのはどれか。

平成30年度
国家専門職

1 走行する救急車のサイレンの音は，救急車が近づいてくるときに~~低く~~，遠ざか
　　　　　　　　　　　　　　　　　　　　　　　　　　　　　　　　高く
っていくときに高く聞こえる。これは，~~クーロンの法則によると~~，音源が近づ
　　　　低く　　　　　　　　　　　　ドップラー効果と呼ばれ
くところでは，波長が~~長く~~，振動数が~~小さく~~なり，その結果，音源の出す音よ
　　　　　　　　　短く　　　　　　大きく
りも~~低く~~聞こえるためである。
　　高く

2 ~~ヤングの実験によって，~~音が波動であることと，温度の異なる空気の境界では
　➔ヤングの実験は関係がない
その両側で音速が異なるために，音波は~~回折~~することが示された。このような
　　　　　　　　　　　　　　　　　　　屈折
音波の~~回折~~のため，~~夜間~~には聞こえない音が，地表付近の空気の温度が~~上昇す~~
　　　　屈折　　　　　昼間　　　　　　　　　　　　　　　　　　上空よりも
~~る昼間~~には聞こえることがある。　　　　　　　　　　　　　　　低い夜間

3 凸レンズに光軸と平行な光線を当てると，凸レンズの後方の光軸上の1点に光
が集まる。この点を凸レンズの焦点という。逆に，焦点から出る光は，凸レン
ズを通過後，光軸に平行に進む。凸レンズによる実像は向きが物体と逆向きに
なり，また，凸レンズによる虚像は向きが物体と同じ向きである。

4 光は，波長によって~~持っている力学的エネルギー~~が異なるため，真空状態の空
　　　　　　　　　　　屈折率
間で白熱電球などから白色光を出すと，スペクトルという虹のような一連の色
に分かれる現象が見られ，これを光の~~干渉~~という。太陽光の連続スペクトルの
　　　　　　　　　　　　　　　　　　　分散
中には，~~γ線~~という多くの暗線が見られる。
　　　➔γ線は可視光線（スペクトル）より波長が短いため見えない

5 ~~地上における光の速さは，2枚の偏光板を回転させることで測定することがで~~
　➔光速の測定にはいくつかの方法があるが，これは光速の測定についての記述ではない
~~き，この結果から，ホイヘンスの原理によって真空中における光の速さが導き~~
~~出される。~~一方，~~音~~の速さは，鏡と歯車を用いたフィゾーの実験で測定するこ
　　　　　　　　　光
とができる。

解説

難易度 ★★　　重要度 ★★

1 クーロンの法則は，電気を帯びた物質どうしに働く力の法則のこと。

2 ヤングの実験は，スリットを用いた光
の干渉の実験である。伝わる速さの異
なる場所へ進むと波の向きが変わる現
象を，波の屈折という。たとえば，波
の伝わる速さが遅い場所から速い場所

へ進むと，上図のように波の反射角は入射角より【**Ⓐ**　　　　】なる。
夜間は，放射冷却によって地表の気温が【**Ⓑ**　　　　】，上空のほうが
気温が【**Ⓒ**　　　　】ため，波の速さが【**Ⓓ**　　　　】。結果，上図の「速
い」側が上空，「遅い」側が地表となり，地表からの音波は上空を遠
くまで飛んでいく。気温が低いほど音波の伝わる速さは【**Ⓔ**　　　　】
ことに注意する。

3 正しい。凸レンズでは実像は物体の逆側に，虚像は物体側にできる。

焦点

ここに実像が
できる

物体

ここに虚像が
できる

物体

4 波長が異なれば力学的エネルギーも異なるが，白色光が虹のような
光に分かれるのは，波長による【**Ⓕ**　　　　】の違いによる。この現
象は，白熱電球であれば，光がガラスを通るときの屈折により起こ
りうる。太陽の周りにある原子は，特定の波長の光を吸収するため，
太陽光にはいくつかの波長が存在しない。このため，太陽光を分散
するとその波長の部分は存在せずに暗くなり，これを暗線という。

5 フィゾーの実験は，鏡と歯車を用いて光の速さを求めた方法である。
このほか，地球上で光の速さを計測した実験にはマイケルソン・モー
リーの実験があり，ハーフミラーと鏡などを用いる。

🔑Point

☐ 音や光などの波は反射，屈折，回折，干渉などが起こる。また，波の
発生源が動くことにより波長が変わり，ドップラー効果を引き起こす。

☐ 光の屈折により凸レンズの焦点に光を集められる。また，波長の違い
による屈折率の違いを用い，光をさまざまな波長の光に分けられる。

Ⓐ：大きく，Ⓑ：下がり，Ⓒ：高い，Ⓓ：速い，Ⓔ：遅い，Ⓕ：屈折率

弦から発生する音波

木の共鳴箱に一本の金属の弦を張って音が出るようにした装置（モノコード）を使って，弦のはじき方や弦の状態によって，音の高さや大きさがどのように変化するかを調べた。この装置にア〜エのような変化を加えて変化前の音と変化後の音を比べるとき，変化後の音のほうが高くなるもののみをすべて挙げている組合せは，次のうちどれか。

平成24年度
警察官

ア 弦の長さを増す。
➡波長が大きくなる＝音は低くなる

イ 弦の太さを減らす。
➡弦を伝わる波の速さが大きくなる＝音は高くなる

ウ 弦をはじく力を増す。
➡振幅の大小は音の高低と無関係

エ 弦の張力を増す。
➡弦を伝わる波の速さが大きくなる＝音は高くなる

1 …… ア
2 …… イ
3 …… ア，ウ
4 …… イ，エ
5 …… イ，ウ，エ

警察官

解説 ×月○日

難易度 ★　　　重要度 ★★

ア 両端を固定した弦をはじくと,
基本振動, 2倍振動, 3倍振動,
…などの【**A**　　　　　】波が
生じる。これらの振動は弦の
【**B**　　　　　】振動と呼ばれ
る。弦をはじいて出る音の高さ

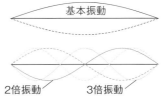

基本振動

2倍振動　　　　　3倍振動

は, 最も振動数の低い基本振動の振動数で決まる。

弦を伝わる波の速さを v, 基本振動の振動数を f, 基本振動の波長
を λ とすると, これらは一般の波で成り立つ次の基本関係式を満た
す。

$$f = \frac{v}{\lambda} \quad \cdots ①$$

弦の長さを L とすると, 基本振動では $\lambda = 2L$ である。弦の長さを
増して, $L \to L'$ とすると, v は変わらないので (②式参照), 基本
振動の振動数は $f' = \dfrac{v}{2L'}$ と小さくなる。したがって, 弦から発生
する音の振動数も小さくなって, 音の高さは低くなる。

イ 弦の太さを減らすと, 弦の線密度 ρ (単位長さ当たりの質量) が
【**C**　　　　　】なる。弦を伝わる速さ v は, 弦の線密度 ρ と弦の張
力 T によって次のように決まっている。

$$v = \sqrt{\frac{T}{\rho}} \quad \cdots ②$$

したがって, 弦を細くして ρ が小さくなると, 速さ $v' > v$ と大き
くなる。基本振動の振動数は①式によって $f' = \dfrac{v'}{2L}$ となって大きく
なる。よって, 音は高くなる。

ウ 弦をはじく力を増すと, 強い音がでるが, 基本振動の振動数が変わ
るわけではないので, 音の高さは変わらない。

エ 弦の張力を増すと, ②式によって v が【**D**　　　　　】なるので,
①式より基本振動の振動数は大きくなる。すなわち, 高い音が出る。

Point

□ 振動数が大きい音ほど音程が高く, 人は約20〜20000Hzの音を聞
くことができる。

□ 弦の線密度を大きいものにして弦をはじくと音程の低い音が発生し,
弦の張力を大きくして弦をはじくと音程の高い音が発生する。

A：定常, **B**：固有, **C**：小さく, **D**：大きく

弦の基本振動

次の図のように，線密度 1.0×10⁻²kg/m，長さ 1.5m の両端が固定された弦が張力 144N で張られているとき，この弦の基本振動数はどれか。

ただし，弦を伝わる波の速さは 120m/s とする。

平成26年度
地方上級

— 波長 λ=2×1.5=3.0m

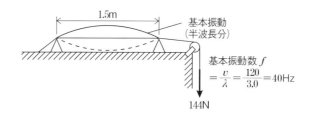

1.5m

基本振動
（半波長分）

基本振動数 f
$= \dfrac{v}{\lambda} = \dfrac{120}{3.0} = 40\text{Hz}$

144N

1 …… 40Hz

2 …… 80Hz

3 …… 90Hz

4 …… 160Hz

5 …… 360Hz

解　説

難易度 ★★☆　重要度 ★☆☆

　この弦を振動させたとき，弦の両端が固定されていてそこでは振動ができないので，できる定常波は両端が【**A**　　　】の定常波になる。基本振動は，問題の図に加えた赤い曲線で示したように，弦の両端は動かず，弦の中央が最も振幅が大きい定常波の【**B**　　　】になる振動である。そして，基本振動の振動数は，この弦にできる定常波のうち，最も振動数が【**C**　　　】い。

　基本振動の波長 λ [m] は，弦の長さ 1.5m が半波長分に相当するので，

$$\lambda = 2 \times 1.5 = 3.0\text{m}$$

である。弦を伝わる波の速さが $v = 120$m/s と与えられているので，波の波長 λ，振動数 f，伝わる速さ v の間の基本的な関係

$$v = f\lambda$$

により

$$f = \frac{v}{\lambda} = \frac{120}{3.0} = 40 \text{ Hz}$$

と振動数が求められる。基本振動以外の定常波は，弦の両端以外の部分にも節を持つようになり，節の数が多いほど波長が小さく，振動数が【**D**　　　】い。

　なお，張力 $S = 144$N と弦の線密度 $\rho = 1.0 \times 10^{-2}$kg/m が与えられているが，これらの値は振動数を求めるのには使わなかったことに注意しよう。実は，弦を伝わる波の速さ v はこの S と ρ で次のように表される。

$$v = \sqrt{\frac{S}{\rho}}$$

実際に数値を入れてみると，$\sqrt{\dfrac{144}{1.0 \times 10^{-2}}} = \sqrt{120^2} = 120$ となって，v の値と一致する。

Point

☐ 両端を固定した弦にできる定常波の振動数は，基本振動の振動数の整数倍になる。

☐ 弦を伝わる波は，弦の張力が大きいほど，弦の線密度が小さいほど速く伝わる。

A：節，**B**：腹，**C**：小さ，**D**：大き

波の性質

波の性質に関する記述として，
妥当なのはどれか。

平成12年度
地方上級

1 波動は，変位をもとに戻す復元力と運動を続けようとする慣性とによって生じ

る振動が，まわりの媒質に少しずつ遅れて伝わる現象である。

2 ~~横波~~は疎密波ともいい，媒質の各点の振動方向が波の進行方向と同方向であり，
縦波
液体中と気体中は伝わるが，固体中は~~伝わらない~~。
伝わる

3 ~~干渉~~とは，波の進路に進行をはばむ障害物があるときに，波が障害物の背後に
回折
回りこむ現象をいい，波の波長が長いほど回りこみが大きくなる。

4 固定端では媒質の変位が常に0であり，反射波は入射波に対して，~~変位が等し~~

~~く位相も変わらない波~~となる。
振幅が等しく位相が逆の波

5 屈折とは，波が，ある媒質から異なる媒質の中へ進むとき，進行方向が変わる

現象をいい，屈折により波の速度および波長は~~変わらない~~が，振動数は~~変わる~~。
　　　　　　　　　　　　　　　　　　　変わる　　　　　　　変わらない

解説

難易度 ★★　重要度 ★★

1 正しい。波動は，1点だけを見るとその点で媒質が振動するだけである。1点が振動を始めると，その周りの点も振動を始めるようになり，次々に離れた場所にも振動が伝わっていく。1点が振動する速さと，波が伝わる速さは一般に【**A**　　　　　】。

2 「固体中は伝わらない」を除けば，縦波を説明しているとわかる。波の伝わる方向と，媒質の各点の振動方向が，平行なのが【**B**　　　　　】波，垂直なのが【**C**　　　　　】波である。音波は【**B**　　　　　】波の代表例，光は【**C**　　　　　】波の代表例である。

3 「回りこむ」や「回りこみ」から，干渉の説明というより回折の説明とわかるだろう。波の回折は，障害物の大きさに比べて波の【**D**　　　　】が小さいと目立たないが，波の【**D**　　　　】が同程度になると目立つようになる。建物が障害物になってテレビの電波は届かないのに，AMラジオの電波が届くのは，AMラジオの電波のほうが【**D**　　　　】が長く，回折して届くためである。

4 入射波と反射波がある場合，実際に見えるのはそれらを重ね合わせた合成波であることから判断する。固定端では【**E**　　　　　】波の変位が0となるように，入射波の変位をyとすると，反射波の変位は$-y$となる。これで固定端では【**E**　　　　　】波の変位がいつも$y+(-y)=0$となる。正弦波の場合，これは入射波と反射波で【**F**　　　　　】が逆になっていることになる。自由端では，入射波の山は反射波の【**G**　　　　　】となって戻るので，【**E**　　　　　】波の変位は入射波の変位の2倍になる。

5 異なる媒質の境界面では，振動数は保たれると覚えておこう。

波の伝わる速さv，波の波長λ，波の振動数fの間には，

$$v = f\lambda$$

という関係式がある。一般に，媒質が異なるとvが異なる。vが小さい媒質1からvの大きい媒質2に入ると，その境界面でfが保たれるので，波長は媒質2のほうが媒質1より【**H**　　　　　】なる。

Point

- [ ] 波動は，媒質の振動が周囲に伝わっていく現象である。
- [ ] 縦波は固体・液体・気体中を伝わるが，横波は固体中しか伝わらない。
- [ ] 異なる媒質の境界面では，振動数が保たれる。

A：異なる，**B**：縦，**C**：横，**D**：波長，**E**：合成，**F**：位相，**G**：山，**H**：大きく

物理033

原子の構造

原子の構造に関する次の記述のうち，妥当なものはどれか。

平成17年度
市役所

1 中性子は陽子とほぼ同じ質量で，電荷を持たない。

2 原子核は，陽子と中性子と電子からなる。
　　　　　　　　　　　➡電子はない

3 電子の質量は陽子の質量の約 1,840 倍である。
　　　　　　　　　　　　約 1,840 分の 1

4 α線は，ヘリウムの原子核であり，β線よりも透過力が強い。
　　　　　　　　　　　　　　　　　　　　　　弱い

5 β線を放出した原子は，原子番号が 1 つ減少する。
　　　　　　　　　　　　　　　　　　増加

解説 難易度 ★ 重要度 ★★★

1 正しい。原子は重い原子核とその周りを回る軽い電子からなる。原子核は陽子と電気的に中性である中性子からなる。

粒子	電荷	質量（kg）
電子	[**A**]	9.1×10^{-31}
陽子	[**B**]	1.673×10^{-27}
中性子	電気的に中性	1.675×10^{-27}

陽子と中性子の質量はほぼ等しく、電子の質量に比べ非常に大きいので、陽子と中性子の個数 A を原子の [**C**   ] という。原子の原子番号 Z は、原子核内の陽子の個数であり、電子の個数と等しい。

2 原子中の電子は、原子核の周りを回っている。

原子は、およそ 10^{-14}m ほどの小さな原子核の周りを、電子がおよそ 10^{-10}m 離れて回っている。

3 原子の質量は、陽子や中性子を含む原子核でほとんど決まっていることから、誤りと判断できる。

1 の表にあるように、電子は陽子や中性子に比べて軽い。

4 放射線は、電荷や質量が大きいほど透過力が弱く、電離作用は強くなると覚えておこう。放射線の種類と性質は次のようになる。

名称	本体	電荷	質量	電離作用	透過力
α 線	He 原子核	$+2e$	大	大	小
β 線	電子	$-e$	小	中	中
γ 線	電磁波	0	0	小	大

5 β 線は、中性子が陽子に変換するときに放出する電子であることを覚えておこう。原子核内の中性子は、陽子に変換することがあり、その際に電子を放出する。原子核内から放出されるこの電子は β 線と呼ばれる放射線の一種である。この [**D**   ] 崩壊を起こす原子は、原子番号 Z は 1 だけ [**E**   ] し、質量数 A は [**F**   ]。

Point

□ 原子は、重い原子核とその周りを回る軽い電子からなる。

□ 原子核は、陽子と中性子からなり、それらは質量がほぼ等しい。

□ α 線、β 線、γ 線のうち、透過力が強いのは γ 線、電離作用（原子をイオン化する作用）が強いのは α 線である。

A：負, **B**：正, **C**：質量数, **D**：β, **E**：増加, **F**：変わらない

原子と原子核

原子と原子核，放射線に関する記述として最も妥当なのはどれか。

令和3年度
国家総合職

1 原子は，その中心にある~~1〜3個~~の原子核とその周りを運動する~~陽子~~から構成
1 　　　　　　　　　　　　　　　　　　　　　　電子
される。また，原子核は，電荷を持たない中性子と~~負の電荷を持つ電子~~から構
　　　　　　　　　　　　　　　　　　　　　　正の電荷を持つ陽子
成される。原子の種類は，陽子の数で決まり，その数を原子番号という。

2 ~~陽子，中性子および電子~~の数の和を原子の質量数という。原子には，原子番号
陽子と中性子
が同じでも，中性子の数の違いによって質量数が異なる原子が存在するものが
あり，これらを互いに~~異性体~~という。
　　　　　　同位体

3 軽い原子核どうしを高速でぶつけると，それらが結びついて別の原子核ができ
る。これを核融合という。原子力発電では，火力電力のように水蒸気を利用し
て発電する~~のではなく~~，~~ヘリウム（He）~~を利用して~~核融合~~により発電している。
　　　　　が　　　　　ウラン（U）　　　　　　　核分裂

4 放射線は，物質を通り抜ける性質や，物資に当たると物質中の原子から電子を
引き剥がしてイオンをつくる作用（電離作用）があり，非破壊検査，病気の診
断，がんの治療，農作物の品種改良など，産業，医学などの分野で幅広く利用
されている。

5 鉛（Pb）やケイ素（Si）など，天然に存在する原子核の多くは~~不安定~~で，放射
　　　　　　　　　　　　　　　　　　　　　　　　　　　　　安定
線を出しながら自然に別の原子核に変化する。この現象を放射性崩壊（放射性
壊変）という。放射線には，~~マイクロ波~~，γ波などがあり，これらは可視光線
　　　　　　　　　　　　　X線
より波長の~~長い~~電磁波に分類される。
　　　　　短い

解説 ×月○日 難易度 ★★★ 重要度 ★★★

1 原子は，原子核とその周りを運動する負の電荷を持つ電子からできている。原子核は，原子の中心にあり，正の電荷を持つ陽子と電荷を持たない中性子からできている。原

子では，陽子の数と電子の数は等しい。陽子1個が持つ正の電荷と電子1個が持つ負の電荷は等しいので，原子全体として，電気的に中性の状態にある。また，原子の反応性は陽子の数によって決まるため，陽子の数を【Ⓐ　　　】という。

2 陽子と中性子に比べ，電子はとても軽く，およそ【Ⓑ　　　】分の1の質量である。また，陽子と中性子の質量はほぼ同じであることから，原子の重さは陽子と中性子の数によって決まり，その数の和を質量数という。元素の種類は陽子の数によって決まるが，中性子の数が異なる原子が存在する。たとえば陽子を1個持つ水素は，中性子を持たない原子と中性子を1個持つものなどがある。このように，同じ元素で中性子の数が異なる原子を【Ⓒ　　　】という。

3 軽い核種どうしが融合してより重い核種となることを核反応（核融合）という。原子核が分裂して同程度の大きさの原子核に分かれることを核分裂という。原子力発電は，原子炉の中でウラン燃料を核分裂させ，その際に発生する熱エネルギーを使って水を水蒸気に変え，この蒸気によってタービンを回して発電機で電気をつくっている。

4 正しい。放射線はジャガイモの長期保存や農作物の品種改良などに使われている。また，タイヤのゴムやプラスチックなどに放射線を当てて，よりよい性質のものに変えることも行われている。

5 放射性物質では，原子核がエネルギー的に不安定な状態にあるため，余分なエネルギーを出して，安定な状態に変わろうとする。このエネルギーを放射線として放出している。このときの1個の原子核の変化を壊変という。【Ⓓ　　　】であるX線，γ線，高速の【Ⓔ　　　】の流れであるα線やβ線などがある。

🔑 Point

- [ ] 原子から負の電荷を持つ電子が移動して電気的に中性でなくなったものをイオンという。
- [ ] 同一の元素からなる単体で，その原子の配列や結合が異なり，性質が違うものを同素体という。
- [ ] 放射線は種類によって透過性が異なり，α線は紙に，β線は薄い金属板に，X線やγ線は鉛などの厚い板に遮られる。

Ⓐ：原子番号，Ⓑ：1840，Ⓒ：同位体，Ⓓ：電磁波，Ⓔ：粒子

放射線

放射線に関する記述として，妥当なのはどれか。

令和元年度
地方上級

1 放射性崩壊をする原子核を放射性原子核といい，放射性崩壊によって放出される放射線には α 線，β 線及び γ 線などがある。

2 α 線は非常に波長の短い電磁波で，磁場内で力を受けず直進し，厚さ数cmの
　　⤵ α 線はヘリウムの原子核である　　　　　　受けて曲がる
鉛板でなければ，これをさえぎることはできない。
　⤵ α 線は透過性が弱く，紙でさえぎることができる

3 β 線の放出は，原子核から陽子2個と中性子2個が $_2^4$He となって出ていく現象
　　　　　⤵ α 線の内容であり，β 線は電子である
で，原子核は質量数が4，原子番号が2だけ小さい原子核に変わる。

4 半減期とは，放射性元素が崩壊して原子核が消滅し，もとの放射性元素の半分
　　　　　　　物質が放射性崩壊によって別の物質に変わる際に　　　　物質
の質量になるまでにかかる時間をいう。
　原子数

5 物質に吸収されるときに放射線が物質に与えるエネルギーを吸収線量といい，
シーベルト（記号Sv）という単位が用いられる。
グレイ（記号 Gy）

解説　難易度 ★★　重要度 ★★★

1 正しい。放射線は，磁場の中に通すと進路が３つに分かれる。これ
らをそれぞれ α 線，β 線，γ 線という。

2 α 線はヘリウムの原子核 $_2^4$He である。原子核が α 線を放出して別の原
子核に変わる現象を【Ⓐ　　　】という。【Ⓐ　　　】では原子核か
ら陽子２個と中性子２個が α 線として放出される。したがって，あ
る原子核が【Ⓐ　　　】すると，質量数が４，原子番号が２だけ小
さい別の原子核に変わる。また，３種類の放射線の中で，α 線は物
質を透過する性質が最も弱く，【Ⓑ　　　】でもさえぎられる。

3 β 線は電子 e$^-$ である。原子核が β 線を放出して別の原子核に変わる
現象を【Ⓒ　　　】という。【Ⓒ　　　】では，原子核中の中性子１
個が陽子に変わる過程で，電子が１個放出される。中性子が１個減
少し，陽子が１個増加するため，質量数は変化しないが，原子番号
が１だけ大きい原子核に変わる。また，β 線の物質を透過する能力
は γ 線の次に大きく，厚さ数 mm の【Ⓓ　　　】でさえぎられる。

4 原子核は陽子と中性子で構成されるが，安定して存在できる原子核
の陽子と中性子の数の組合せは限られており，不安定なものは放射
線を出して崩壊してしまう。放射性崩壊では，全量が崩壊するのに
長い時間がかかり，ある時点に存在していた原子の半数が崩壊する
のに要する時間を【Ⓔ　　　】という。

5 人体が放射線を浴びることを【Ⓕ　　　】という。1kg 当たりの吸収
エネルギーが 1J（ジュール）であるとき，その吸収線量は 1Gy（グ
レイ）である。人体への影響は，放射線の種類や人体の部位によっ
て異なる。それを考慮した線量を【Ⓖ　　　】といい，Sv（シーベ
ルト）で表す。

Point

- [ ] α 崩壊では質量数は４，原子番号は２減少する。β 崩壊では質量数は
変化なし，原子番号は１増加する。γ 崩壊では質量数，原子番号とも
に変化しない。

- [ ] 広い意味では，X 線や中性子線などの電離作用を持つ高エネルギーの
粒子線もすべて放射線である。中性子線は透過能力が非常に高く，鉛
板でもさえぎることはできないが，厚いコンクリートや水を含んだタ
ンクなどではさえぎることができる。

- [ ] 体内に採り込まれた空気や食物から被曝することを内部被曝，大地放
射線や宇宙放射線などを外部から被曝することを外部被曝という。

Ⓐ：α崩壊，Ⓑ：紙，Ⓒ：β崩壊，Ⓓ：アルミニウム板，Ⓔ：半減期，Ⓕ：被曝，Ⓖ：実効線量

物理036

核分裂

核分裂に関する次の記述のうち、妥当なものはどれか。

平成7年度
地方上級

1 核分裂を起こすためには10^8K以上の超高温が<del>必要であるが</del>、圧力については
超高圧を必要としない。
必要でない

2 核分裂の際に生じる放射線はα線、β線およびγ線の<del>3種類</del>であり、このうち
中性子線、 *など*
のβ線は電気的に<del>中性</del>であるため<del>中性子線とも呼ばれている</del>。
負の電子 *電子線の一種である*

3 放射性元素ではない水素やリチウムなどの軽い元素も<del>核分裂</del>を起こして膨大な
核融合
エネルギーを放出するが、この場合は核融合と呼ばれている。

4 核分裂の際に生じる放射線であるγ線は<del>ヘリウムの原子核の流れ</del>であり、α線
電磁波
やβ線に比べて透過力が強く、人体に及ぼす影響も大きい。

5 核分裂をするともとの元素と異なる複数の放射性元素を生じるが、この複数の
元素の質量の和はもとの元素の質量より少ない。

解 説

難易度 ★ ☆ ☆　重要度 ★★ ☆

1 超高温が必要なのは，核融合であることから，誤りと推測される。核融合では，強い反発力を生じる電荷が正である原子核どうしを衝突させなければならないため，超高温が必要とされる。超高温では，原子が原子核と電子に分かれる【Ⓐ　　　】状態になり，核融合には【Ⓐ　　　】状態を安定して閉じ込めることが必要とされる。一方，ウラン235などの核分裂性物質は，放置しても核分裂を起こすが，電気的に中性である【Ⓑ　　　】を吸収させると分裂しやすくなる。

2 β線の本体は電子であるから，「中性子線とも呼ばれている」は誤りである。また，核分裂では，中性子が非常に重要な役割を持っていることを覚えておこう。原子炉で起こしている連鎖反応では，核分裂でできる中性子を周りのウラン235に吸収させさらに核分裂を起こさせることを持続している。このような状態を【Ⓒ　　　】といい，この状態に達するのに必要な核燃料の量は【Ⓒ　　　】量と呼ばれる。

3 「核分裂を起こして」いるのに「核融合と呼ばれて」は，誤りと推測される。原子核は，質量数が50〜60の鉄くらいの質量数の場合が最も安定していて，質量数の小さい場合は【Ⓓ　　　】によって結合したほうが安定であり，質量数の大きい場合は【Ⓔ　　　】によって分かれたほうが安定である。

4 γ線は，原子核から放射される波長の短い電磁波であることを覚えておこう。α線は【Ⓕ　　　】の原子核，β線は【Ⓖ　　　】である。

5 正しい。核分裂は質量数が大きく不安定な原子核が，比較的安定な質量数の小さな原子核や中性子に分かれる現象である。アインシュタインによると，質量欠損 Δm によって $\Delta E = \Delta mc^2$ のエネルギーが放出されるので，核分裂の際の質量差によってエネルギーが発生する。このエネルギーを得ようとするのが原子力発電である。

Point

☐ 核融合には，正の電荷の原子核どうしを衝突させるために，超高温が必要である。

- -

☐ α線はヘリウムの原子核，β線は電子，γ線は電磁波である。

- -

☐ 核分裂では，もとの原子核の質量＞分裂後の原子核などの質量の和であり，この質量差に相当するエネルギーが発生する。

Ⓐ：プラズマ，Ⓑ：中性子，Ⓒ：臨界，Ⓓ：核融合，Ⓔ：核分裂，Ⓕ：ヘリウム，Ⓖ：電子

物理037

原子と電子

原子と電子に関する記述として最も妥当なのはどれか。

平成21年度
国税専門官

1 物体が帯電するときの電気量の最小単位は，陽子または電子の持つ電気量の絶対値であり，すべての電気量はこの整数倍として現れる。

2 負の電荷を運ぶ陰極線は，~~陽極~~から出て~~陰極~~に向かい，~~電界や磁界の影響を受~~
　　　　　　　　　　　　　陰極　　　　　陽極
~~けても軌道が曲がることなく，常に直進する性質を持つ。~~
電界や磁界から力を受けて軌道が曲がる

3 原子の中の~~負電荷~~は原子の中心部分に集中して原子核を構成している。この原
　　　　　　正電荷（陽子）　　　　　　　　　　　　➡中性子も原子核の構成粒子
子核のまわりを小さくて軽い~~正電荷が円運動している~~。
　　　　　　　　　　　負電荷（電子）が運動している

4 電子は，光を吸収してエネルギーの~~高い~~定常状態からエネルギーの~~低い~~定常状
　　　　　　　　　　　　　　　　　　　低い　　　　　　　　　　　　　　　　高い
態に遷移する。エネルギーの~~低い~~定常状態にある電子は，電磁波を放射しやす
　　　　　　　　　　　　　高い
い。

5 半導体においては，~~伝導帯にある電子が自由に移動できる~~。このため，一般に，
　　　　　　　　　　　ほとんど伝導帯に電子がない
半導体は金属よりも~~高い~~電気伝導率を示す。
　　　　　　　　　　低い

解説

難易度 ★ ☆ ☆　重要度 ★ ☆ ☆

1 正しい。電気量の最小単位は【**Ⓐ**　　　】と呼ばれ，記号で e と書かれる。なお，陽子などを構成するクォークと呼ばれる素粒子は，e の整数倍ではない電気量を持つとされるが，単独でクォークが現れることはないため，電気量の最小単位は e と考えてよい。

2 陰極線は負の電荷を持つ電子の流れで，電界や磁界から力を受けて軌道が曲がる。放電の際に未知の何かが【**Ⓑ**　　　】から出ていたために陰極線と名づけられた。

3 原子は，正電荷の原子核のまわりを負電荷の電子が運動する構造をしているので，誤りとわかる。

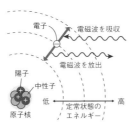

4 光もエネルギーを持つことから，電子が光を吸収すればより高いエネルギーの状態になると考えて，誤りと判断できる。原子中の電子は，定常状態と呼ばれるとびとびのエネルギーの値を持つ状態だけが許され，光（電磁波）の吸収，放出によって，それぞれ，より高いエネルギーの定常状態，より低いエネルギーの定常状態へ遷移する。

5 金属のほうが半導体よりも電気を通しやすい【**Ⓒ**　　　】体であることから，誤りとわかる。孤立した原子中の電子と，原子が多数集まった結晶中の電子では，とりうるエネルギーが右の図のように変化する。

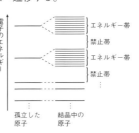

結晶中の電子のエネルギーは，エネルギー帯（エネルギーバンド）と呼ばれる帯のような構造になり，電子が自由に移動できて電気が伝わるエネルギー帯を伝導帯という。金属では伝導帯に多くの電子が存在して電気をよく通すが，半導体では少ないため【**Ⓓ**　　　】率が低い。

🔑Point

☐ 陰極線は電子の流れであり，テレビやオシロスコープに使われるブラウン管では，電界・磁界で陰極線の軌道を曲げ，蛍光面に当てる位置を制御することで映像をつくっている。

☐ 原子中の電子は，とびとびのエネルギーを持つ定常状態だけが許され，異なる定常状態に遷移するときに，そのエネルギー差の光を吸収・放出する。

Ⓐ：電気素量，Ⓑ：陰極，Ⓒ：導，Ⓓ：電気伝導

素粒子と宇宙

素粒子と宇宙に関する
次の記述 A，B，C の正誤の組合せとして
最も妥当なのはどれか。

平成20年度
国家Ⅰ種

A 原子核は陽子や中性子等から成り立っている。正の電荷を帯びている陽子が，

互いの電気的反発力にもかかわらず結びついているが，これは~~天体間に働いて~~
　　　　　　　　　　　　　　　　　　　　　　　　　　　　　強い相互作用
~~いる重力（万有引力）~~が陽子間でも働いており，これが陽子間の電気的反発力

よりも強いためである。また自然界においてひろく重力が生じるのは，~~電子よ~~

~~りもはるかに小さい質量を持つ中間子と呼ばれる粒子が原子核および電子の中~~
重力の源がエネルギー（質量）で長距離でも働く
~~に一様に分布している~~ためである。

B 地球から遠ざかっている天体が発する光は，ドップラー効果のために，波長が

実際のものよりも伸び，赤みがかって見える。天文学者のハッブルは，多くの

天体についてこの現象を観測することにより，天体が地球から遠ざかっていく

速度は，天体の地球からの距離に~~かかわらず一定である~~ことを発見し，これが
　　　　　　　　　　　　　　　　　比例している
ビッグバン理論の根拠となった。

C 素粒子の一種であるニュートリノが質量を持つか否かについては，長らく論争

が続けられていた。小柴昌俊らは，岐阜県神岡鉱山の地下に建設されたスーパ

ー・カミオカンデを用い，超新星爆発の際に発せられるニュートリノを観測し

た。この観測結果から，ニュートリノは質量を持つという証拠が得られた。

	A	B	C
1	正	正	誤
2	正	誤	正
3	正	誤	誤
4	誤	正	正
5	誤	誤	正

解　説

難易度 ★★★　重要度 ★★★

A 原子核は非常に小さいので，陽子を結合している力は，天体のような非常に長い距離でも働く重力とは異なる種類の力と推測される。

　原子核とその周囲を回る電子は電気的な引力で結合しているが，原子核を構成する複数の陽子は正の電荷を持っているため，電気的な力が[**Ⓐ**　　　　　]力になってしまう。重力（万有引力）自体は，陽子の間にも働き，距離が小さいほど[**Ⓑ**　　　　　]なるが，質量の積に比例するため，天体に比べて質量の小さい陽子どうしに働く重力は極めて小さくなる。陽子どうしは，短距離でのみ働く強い相互作用（核力）という，電気的な力でも重力でもない力によって，結合していることが明らかにされた。重力と電磁気力は距離が遠くても作用し，重力はエネルギー（質量）を持つものに働き，電磁気力は[**Ⓒ**　　　　]を持つものに働く。

B これはやや難しい。遠くの天体は，その距離に比例する速さで遠ざかっていることを知っておこう。

　地球が宇宙の中心ではなく宇宙が一様なものであることと，遠くの天体が天体までの距離 r に比例した速さ v で遠ざかっていることから，宇宙自体が膨張していると考えられている。

　$v = H_0 r$ （H_0 はハッブル定数）

これをもとに，宇宙は高温・高密度の小さい状態から出発し，膨張するにつれて冷却され現在に至っているという，宇宙の[**Ⓓ**　　　　　]理論が提唱され，広く受け入れられている。

C 正しい。ニュートリノは，非常に相互作用が弱く観測が難しい素粒子である。1987 年に，小柴昌俊らが 16 万光年離れた位置にある超新星の爆発によって放射されたニュートリノを観測することに成功し，その功績により 2002 年にノーベル賞を受賞した。ニュートリノに質量があるかないかが問題となっていたが，1987 年の超新星爆発での観測では，ニュートリノの到達時間のばらつきから質量の上限が得られ，その後のいろいろな実験からニュートリノは質量を持つことが確認された。

🔑 Point

- [ ] 原子核を構成する陽子や中性子は，強い相互作用で結びついている。
- [ ] 天体は，地球からの距離に比例した速さで遠ざかっている。
- [ ] ニュートリノは非常に相互作用の弱い素粒子で，小柴昌俊らは超新星爆発で放射されたニュートリノの観測によりノーベル賞を受賞した。

Ⓐ：反発, Ⓑ：強く, Ⓒ：電荷, Ⓓ：ビッグバン

ニュートリノ検出装置

ニュートリノ検出装置に関する以下の問題に答えよ。

平成10年度
国家Ⅰ種

　1987年3月に超新星誕生時の突発的なニュートリノの増大を観測するという世界的業績を上げた**カミオカンデ**は，約4,500tの純水の入った巨大なニュートリノ検出装置であり，岐阜県の神岡鉱山の地下1,000mの坑道内に据えられている。現在はさらに50,000tの純水を入れることのできる**スーパーカミオカンデ**が建設された。このようなニュートリノ検出装置が，1,000mもの地下に置かれる理由として，妥当なものはどれか。

1 このような大量の水を入れるタンクを支えるためには地下1,000mの~~地圧が必要であるため。~~
➡地圧で支えていない

2 ニュートリノをとらえるには極めて精密な観測を行うため，検出装置に加わる振動を一切なくす必要が~~ある~~ため。
　　　　　　　　　　　　　　　　　ない

3 ニュートリノと物質との相互作用は極めて弱く，ニュートリノのエネルギーが高いと観測ができないため，地表から検出装置までの厚い地中を通る間に~~減速させる必要があるため。~~
ニュートリノは減速しない

4 タンク内の大量の水を含めて精密な検出装置全体を常に~~一定温度に保たねばならず，~~そのためには気温の変動の少ない地下である必要があるため。
　　　　　　　　　　➡温度を保つ必要はない

5 宇宙線や自然放射線を厚い地層を通過させることにより遮断し，検出装置内には地層に吸収されないニュートリノだけが入り込むようにするため。

解説

難易度 ★★　重要度 ★

1 地圧によって変形を受けたり破壊されることはあるが、建造物など を地圧で支えるというのは聞いたことがないのではないだろうか。

　　スーパーカミオカンデには、ニュートリノによって散乱された荷 電粒子が発する【**Ⓐ**　　　　】光をとらえるために、多数の光電 子増倍管が設置されていたが、2001年にその大半を破壊してしまう 事故が発生した。この事故は、1個の光電子増倍管が壊れたときの 衝撃波で連鎖的にほかの光電子増倍管が爆縮していったとされる。 地下1000mの地圧が光電子増倍管に作用したわけではない。

2 振動が少ないほうがよいのはニュートリノの観測に限ったことでは なく、ニュートリノの特性にはあまり関係がないと推測される。

　　ニュートリノで問題になっているのは、ニュートリノに 【**Ⓑ**　　　　】があるかどうか、あればどのくらいの【**Ⓑ**　　　　】 かであり、それを示すのがニュートリノ【**Ⓒ**　　　　】が起こっ ているかどうかとされる。ニュートリノには、電子型、ミュー型、 タウ型の3種類があるが、これらが相互に変換するのがニュートリ ノ【**Ⓒ**　　　　】であり、このニュートリノ【**Ⓒ**　　　　】が 実際に起こっていることが、2004年までのスーパーカミオカンデに よる実験で確認された。

3 ニュートリノは相互作用が極めて弱く、減速しないことを覚えてお こう。真空中で最も速い光は、水中では相互作用のために減速して、 真空中の速さの約75%ほどになってしまうが、ニュートリノは減速 せず、水中では光よりもニュートリノのほうが速い。

4 温度の変動が少ないほうがよいのはニュートリノの観測に限ったこと ではなく、ニュートリノの特性にはあまり関係がないと推測される。

5 正しい。地球には陽子などの【**Ⓓ**　　　　】が降り注いでいて、 大気中の原子核と衝突して、電子やγ線、ミュー粒子などの2次 【**Ⓓ**　　　　】が生成される。地下深くの観測装置に届く前に、こ れらの【**Ⓓ**　　　　】の多くが吸収され、ほぼミュー粒子とニュー トリノだけが届くようになる。

🔑Point

□ ニュートリノと物質の相互作用は極めて弱く、水中では減速してしま う光よりも速い。

- -

□ ニュートリノによって散乱された荷電粒子から、チェレンコフ光が放 射され、光電子増倍管でその光を観測する。

Ⓐ：チェレンコフ, **Ⓑ**：質量, **Ⓒ**：振動, **Ⓓ**：宇宙線

状態変化と熱エネルギー

**物質の状態変化や熱エネルギーに関する
記述として最も妥当なのはどれか。**

平成30年度
国家総合職

1 液体を蒸発させる際の潜熱を蒸発熱といい，蒸発するときには蒸発熱を熱エネ
ルギーとして外部に放出する。（吸収）たとえば，空調設備で冷房を行う場合，空調設
備の中に入っている冷媒は，室内の空気から熱エネルギーを吸収した後，室外
機の中で蒸発して気体になる（して蒸発した）ことで屋外に熱エネルギーを放出し，室内の空気（液体）
を冷却している。

2 気体は，外部と熱のやり取りをしないで膨張すると，気体の温度が下がる。た
とえば，地表付近で温められた湿った空気塊が上昇すると，上空の気圧は地表
付近の気圧に比べて低いため，上昇した空気塊は急激に膨張して温度が下がる。
その結果，空気塊に含まれていた水蒸気が水滴や氷晶となって雲ができる。

3 物質の温度を下げるには，物質から熱エネルギーを吸収して冷却する必要があ
り，これを繰り返すと，物質の温度を-300℃以下にすることもできる。（→-273.15℃より小さくなることはない）たと
えば，超伝導磁石を用いたリニアモーターカーでは，冷媒を使った冷凍設備に（液体ヘリウム）
よって温度を-300℃以下にした常圧の液体窒素を用いて，特殊な金属物質を
冷却し，超伝導状態を作り出している。

4 液体が沸騰する温度は外部の圧力によって変化し，外部の圧力が高い環境では
沸騰する温度は低下する。（上昇）たとえば，圧力鍋で水を沸騰させて調理を行うとき
は，室内の気圧より高圧な鍋の中の空気によって鍋の中の水が圧縮され，水の
内部に熱エネルギーが蓄えられる。そのため，水は低い温度でも沸騰できるよ（→高い温度でも沸騰しないために通常より高温で調理できる）
うになり，調理時間を短縮することができる。

5 どのような物質であっても，同温同圧で気体，液体，固体の3つの状態が同時
に存在することはできないが，（→ある圧力と温度のときは三重点と呼ばれる状態があり，このときは気体，液体，固体のすべてが存在する）これらのうちいずれか2つの状態は同時に存在
することができる。たとえば，常圧の下で，氷水のように固体と液体が同じ温
度で同時に存在する場合や，ドライアイスの蒸発（昇華）のように固体と気体が同じ温
度で同時に存在する場合などがある。

1 温度が上がると熱エネルギーを得て，固体から液体，気体になっていくため，気体になるときは熱エネルギーを[**Ⓐ**　　　]。ただし，状態変化（固体→液体，気体→液体など）のときには，温度は[**Ⓑ**　　　]。なお，潜熱とは，状態変化に必要な熱エネルギーのことで，基本的には融解熱と蒸発熱（または気化熱）のことである。

2 正しい。空気塊が上昇すると，膨張で熱エネルギーを失う一方，外部との熱のやり取りがほとんどなく，温度が下がる。逆に，外部と熱のやり取りをしないで圧縮すると，温度は[**Ⓒ**　　　]。雲ができる過程では，空気塊と外部との熱のやり取りは無視できるほど小さい。

3 −273.15℃のことを[**Ⓓ**　　　]といい，[**Ⓔ**　　　]Kである。物質の温度はこれより下がらない。超伝導磁石を作るには，特殊な金属物質を[**Ⓓ**　　　]近くまで下げる必要があり，沸点が4Kの液体ヘリウムを用いて冷やすことが多い。

4 一般に，液体の外部の圧力と，その液体の沸点との関係を表した曲線を蒸気圧曲線という。水については右図のように，外部の圧力が高いほど沸点が高い。

（kPa）　**水の蒸気圧**

200
180
160
140
120
100
80
60
40
20
0
　　20 40 60 80　120
　　　　温度　　（℃）

5 沸点や融点においては，異なる2つの状態が同時に存在する。たとえば，水を0℃まで下げると氷ができはじめるが，氷ができる途中では水と氷が同じ温度である。なお，蒸発とは[**Ⓕ**　　　]から[**Ⓖ**　　　]になることである。一般に，圧力が低すぎると液体は存在しないが，液体が存在するかしないかの境目において，圧力や温度の変化で固体にも液体にも気体にもなりうる状態がある。その圧力と温度の状態を三重点という。ドライアイス（二酸化炭素）が昇華して液体にならないのは，二酸化炭素の三重点における圧力が大気圧より高いためである。

🔑 Point

- [ ] 純粋な物質が状態変化するときには，温度変化はなく，複数の状態が同じ温度で存在する。

- [ ] 物体が状態変化するときには，大きな熱エネルギーを吸収・放出し，その性質がクーラーや冷蔵庫に用いられている。

- [ ] 外部の圧力が高いほど，沸点は上昇する。

Ⓐ：吸収する，Ⓑ：変わらない，Ⓒ：上がる，Ⓓ：絶対零度，Ⓔ：0，Ⓕ：液体，Ⓖ：気体

比熱

比熱に関する記述のうち、
正しいものはどれか。

平成10年度
警察官

1 0℃において氷の比熱は銅より大きいが鉄より~~小さい~~。
　　　　　　　　　　　　　　　　　　　　　大きい

2 20℃において水の比熱は鉛より大きいが銅より~~小さい~~。
　　　　　　　　　　　　　　　　　　　　　大きい

3 0℃において氷の比熱は鉄より大きいが金より~~小さい~~。
　　　　　　　　　　　　　　　　　　　　　大きい

④ 20℃において水の比熱は鉄よりも銅よりも大きい。

5 0℃において氷の比熱は銅よりも鉄よりも~~小さい~~。
　　　　　　　　　　　　　　　　　　　　大きい

難易度 ★ ☆ ☆   重要度 ★★ ☆

1 比熱とは，物質1gの温度を1Kだけ上昇させるのに必要な熱量のことで，比熱が小さい物質は温まりやすく冷めやすいことを覚えておこう。

比熱の小さい物質の典型例は金属で，比熱の大きい身近な物質として有名なのは【Ⓐ 　　　　】である。この問題については，これだけの知識で正誤の判断ができるが，比熱のおよその値は次のようになる（氷以外は常温）。

物　質	比熱〔J/(g・K)〕
水（液体）	4.2
氷	2.1
金	0.13
銅	0.38
鉄	0.45
鉛	0.13

比熱は一般に【Ⓑ 　　　　】に依存するが，水と氷のような状態が変化した場合を除いて，0℃での比熱と20℃での比熱はそれほど違わない。比熱は物質によって決まる物質固有のものであるが，【Ⓒ 　　　　】は，ある量の物体の温度を1K上昇させるのに必要な熱量のことをいう。比熱 c〔J/(g・K)〕の物質100gの【Ⓒ 　　　　】は $100c$〔J/K〕となる。内陸部では海岸部に比べて気温の変化が激しいが，海岸部では水が多いが，内陸部では水が少ないことが要因の一つとされる。水の比熱に比べて砂や岩の比熱は【Ⓓ 　　　　】。

2 一般に，金属より水のほうが比熱が大きいことから，誤りとわかる。

3 一般に，金属より水や氷のほうが比熱が大きいことから，誤りとわかる。

4 正しい。

5 一般に，金属より水や氷のほうが比熱が大きいことから，誤りとわかる。

Point

- 比熱とは，物質1gの温度を1Kだけ上昇させるのに必要な熱量のことである。

- 金属のような比熱が小さい物質は，温まりやすく冷めやすい。水のような比熱が大きい物質は，温まりにくく冷めにくい。

- 熱容量とは，物体の温度を1Kだけ上昇させるのに必要な熱量のことである。

Ⓐ：水，Ⓑ：温度，Ⓒ：熱容量，Ⓓ：小さい

熱と仕事

われわれは，たとえばエンジンなどに見るように，熱を機械的な仕事に変えたり，逆に仕事をすることにより熱を発生させたりしている。熱と仕事の関係についての次の記述ア〜ウの正誤を正しく組み合わせているものはどれか。

平成7年度
国家II種

ア 低温の系から熱を取り出し，その一部を外部に対する仕事に変え，残った熱を
➡低温の系から高温の系へ熱を移動するには外部からの仕事が必要
高温の系に移すことができる。

イ 外部から仕事をすることにより，低温の系から高温の系に熱を移すことができ

る。

ウ 同じ温度の2つの系の一方から他方へ自然に熱が移り，一方が高温に他方が低
➡外部から仕事をされずに自然に一方が高温に，他方が低温になることはない
温になり，同時に外部に仕事をすることがある。

	ア	イ	ウ
1 ……	誤	正	誤
2 ……	誤	誤	正
3 ……	正	正	誤
4 ……	正	誤	正
5 ……	誤	正	正

熱

解説 難易度 ★★ 重要度 ★★

ア 低温の系から高温の系に熱を移動するには，外部からの仕事が必要であることから判断する。

熱の移動については，次の熱力学第二法則がかかわっている。

熱力学第二法則：

『低温の物体から高温の物体に，外部に何の変化も残さずに（外部から仕事をしないで），熱を移動することはできない』

熱力学第二法則にはこれ以外にもいくつか表現のしかたが異なるものがあり，『孤立系の【Ⓐ　　　　　】は増大する』という表現はその一つである。

上の熱力学第二法則の表現に従えば，低温の系から高温の系に熱を移動するだけでも，外部から仕事をしなければならないのに，さらに熱の一部を外部に対する仕事に変えるというのは，不可能である。逆に，高温の物体から低温の物体への熱の移動は，接触させておけば自然に進行し，やがて【Ⓑ　　　　　】状態になり温度が等しくなる。

イ 正しい。外部から仕事をすれば，低温の物体から高温の物体へ熱を移動することが可能である。冷蔵庫は，低温の庫内から高温の庫外へ熱を移動させている。エアコンは，夏期では，低温の室内から高温の室外へ熱を移動している。どちらも，電気を使用して仕事をしているので，低温側から高温側への熱の移動が可能となっている。このような熱の移動をする装置は【Ⓒ　　　　　】ポンプと呼ばれる。

ウ 自然に温度差が生じて，さらに外部に仕事を取り出せるのであれば，発電など不用になるから，誤りと判断される。

同じ温度の物体どうしが接触していて，自然に温度差が生じることはない。温度差を生じるには，外部からの【Ⓓ　　　　　】が必要となる。自然に起こりえるのは，【Ⓔ　　　　　】温の物体から【Ⓕ　　　　　】温の物体への熱の移動である。

Point

- [ ] 熱力学第二法則：低温の物体から高温の物体に，外部に何の変化も残さずに（外部から仕事をしないで），熱を移動することはできない。
- [ ] 外部から仕事をすれば，低温の物体から高音の物体へ熱を移動することができる。
- [ ] 冷蔵庫やエアコンは，供給された電力により，低温の物体から高温の物体へ熱を移動することができる装置である。

Ⓐ：エントロピー，Ⓑ：熱平衡，Ⓒ：ヒート，Ⓓ：仕事，Ⓔ：高，Ⓕ：低

物理043

熱力学の法則

次の熱力学の第1法則の式および第2法則の内容の組合せとして，最も妥当なのはどれか。ただし，ΔU，W，Qについては以下のとおりとする。

平成22年度
消防官

ΔU：気体の内部エネルギーの変化

W：気体が外部からされた仕事

Q：気体に外部から加えられた熱量

1 第1法則… $\Delta U = W + Q$

第2法則… 熱の出入りを伴う変化は，~~可逆変化~~である。
不可逆変化

2 第1法則… $Q = \underset{\Delta U - W}{\cancel{\Delta U + W}}$

第2法則… 熱の出入りを伴う変化は，~~可逆変化~~である。
不可逆変化

3 第1法則… $W = \underset{-Q + \Delta U}{\cancel{Q + \Delta U}}$

第2法則… 熱の出入りを伴う変化は，~~可逆変化~~である。
不可逆変化

4 第1法則… $\Delta U = W + Q$

第2法則… 熱の出入りを伴う変化は，不可逆変化である。

5 第1法則… $Q = \underset{\Delta U - W}{\cancel{\Delta U + W}}$

第2法則… 熱の出入りを伴う変化は，不可逆変化である。

難易度 ★　　　重要度 ★

気体の内部エネルギー U は，気体の温度が高いほど【**A**　　　】と考えてよく，気体を【**B**　　　】する（気体に仕事をする）場合や，気体に熱を加える場合に，U は増加し，内部エネルギーの変化 ΔU は ΔU【**C**　　　】0 となる。

この問題での W と Q の定義では，「W：気体が外部からされた仕事」，「Q：気体に外部から加えられた熱量」であるから，W と Q の符号は次のようになる。

気体に熱を加える

$$\Delta U = U_終 - U_始$$
$$= Q \ (>0)$$

気体に仕事をする
（気体を圧縮する）

$$\Delta U = U_終 - U_始$$
$$= W \ (>0)$$

この符号に注意すれば，一般の場合は，

$$\Delta U = W + Q$$

となることがわかる。

熱力学第1法則は，熱を含めた【**D**　　　】が保存されることを述べているが，熱力学第2法則は，【**D**　　　】が保存されるにもかかわらず，熱の出入りを伴う変化は，元に戻らない変化であることを述べている。

1 第1法則の式は正しいが，第2法則は正しくない。

2 第1法則の式が $\Delta U = -W + Q$ となるので，W の符号が正しくない。第2法則も正しくない。

3 第1法則の式が $\Delta U = W - Q$ となるので，Q の符号が正しくない。第2法則も正しくない。

4 正しい。

5 第1法則の式は**2**と同様に正しくない。第2法則は正しい。

　□ 内部エネルギーとは，物体を構成する原子・分子が持つ力学的エネルギーの総和のことである。

　□ 走っている車にブレーキをかけて静止させるという変化は，摩擦熱を伴う変化であるから，不可逆変化である。

A：大きい，**B**：圧縮，**C**：>，**D**：エネルギー

冷蔵庫の仕組み

現在よく使われている電気式冷蔵庫が
冷たくなる仕組みについて,
最も適当なものはどれか。

平成17年度
警察官

1 庫外の容器の液体をポンプで固体にする。太いパイプで庫内の容器に落とし,
　　　　　　　　　　　　　　　　　↬このようなことはしない
それが液体に溶けるときに奪う融解熱で庫内を冷却する。

2 庫外の容器の水をポンプで氷にする。氷の周囲の冷えた空気をパイプで庫内に
　　　　　　↬冷媒として水は使われない　　↬この方法は現在の電気式冷蔵庫で使わない
流し,庫内を冷却する。

3 庫外の容器を通る気体をポンプで固体にする。太いパイプで庫内の容器に落と
　　　　　　　　　　　　　　　　　　　　↬このようなことはしない
し,それが気体に気化するときに奪う気化熱で庫内を冷却する。

④ 庫外のパイプを通る気体をポンプで液体にする。庫内のパイプを流れる液体が
気体に気化するときに奪う気化熱で庫内を冷却する。

5 冷蔵庫の内壁の一部がペルチェ素子という電気部品で,これに電流を流すと,
　　　　　　　　　　↬ペルチェ素子は小型の冷蔵庫に限定される
庫内の熱を庫外に流して冷却する。

警察官

解 説

難易度 ★　　重要度 ★

1 庫内に固体が落ちるような冷蔵庫を見たことはないだろうから，誤りとわかる。

　　固体が液体になるときは，【Ⓐ　　　　　】熱を【Ⓑ　　　　】する。

2 電気式冷蔵庫が，水を氷にして冷やすものではないことから誤りとわかる。

　　一般の家庭で使われる冷蔵庫では，熱を移動させるための冷媒と呼ばれる物質によって，庫内から庫外へ熱を移動させている。以前は，冷媒として【Ⓒ　　　　　】類が使われていたが，【Ⓓ　　　　　】層が破壊されることから禁止され，現在ではイソブタンなどが冷媒として使用されている。

3 これも**1**と同様に，誤りとわかる。

　　なお，固体が液体を経ずに気体になることを【Ⓔ　　　　】という。気体が直接固体になる場合も【Ⓔ　　　　】という。

4 正しい。一般の冷蔵庫は，冷媒が気化するときに気化熱を吸収することを利用して庫内を冷却している。コンプレッサーで圧縮された高温高圧の冷媒の気体は，庫外のパイプで冷やされて液体になる。この液体を細いチューブに通して急激に膨張すると，気化されることで周囲の熱を奪い庫内を冷やす。気体は再びコンプレッサーで圧縮される。以上のサイクルを行うことによって，熱を庫内から庫外へと移動するのが冷蔵庫で，エアコンも同様の仕組みである。

5 ペルチェ素子が，電流によって熱を移動することのできる素子であることを覚えておこう。

　　ペルチェ素子は，2種類の金属を接合した素子で，電流を流すと一方の金属が吸熱し，もう一方が発熱する。ペルチェ素子を用いた冷蔵庫は，冷媒を用いず，騒音は少ないが，**4**のような一般の冷蔵庫より冷却の効率が劣るので，小型の冷蔵庫などに限定されている。

🔑Point

□ 一般に使われている冷蔵庫は，冷媒の気化によって気化熱を奪うことで庫内を冷やしている。

□ 冷蔵庫の冷媒には，かつてフロン類が使われていたが，紫外線を防ぐオゾン層を破壊するために禁止された。

□ ペルチェ素子は，電流によって熱の移動を行うことができる素子で，小型冷蔵庫などに使用されている。

Ⓐ：融解，Ⓑ：吸収，Ⓒ：フロン，Ⓓ：オゾン，Ⓔ：昇華

物理045

身の回りの物理現象

**身の回りのさまざまな物理現象に関する
ア〜エの記述のうち,
誤っているものはいくつあるか。**

平成18年度
警察官

ア 高山に登ると地上から持参した菓子などの袋が膨らむが,これは高山では大気
圧が地上より高く（低く）なるからである。

イ ドップラー効果により,救急車のサイレンの音は近づいてくるときに低く（高く）,通
り過ぎた後は高く（低く）なる。

ウ 雷は,地上と雲,または雲と雲との間の電位差が一定以上に大きくなると放電
する現象である。

エ 晴れた夜には遠くの音が聞こえやすくなるが,これは音波の回折（屈折）によって起こ
る現象である。

1 …… 0個
2 …… 1個
3 …… 2個
4 …… 3個
5 …… 4個

警察官

難易度 ★★★　重要度 ★★★

ア 高いところのほうが気圧が低くなることから，誤りとわかる。

気圧は，それより上にある空気が重いほど【**A**　　　】なるので，高度が高くなり空気の量が減っていくと，気圧は【**B**　　　】なっていく。富士山の頂上（3776m）の気圧はおよそ640hPaで，標準の気圧1013hPaの約63％しかない。そのため，地上で閉じた袋を頂上に持っていくと，袋の外部から受ける圧力よりも袋の内部から受ける圧力が大きくなって膨らむ。

イ 誤り。救急車のサイレンの音は，近づく場合に高く聞こえることは，よく経験するだろう。

音源が動くと，前方に伝わる音波の波長は【**C**　　　】なり，後方に伝わる音波の波長は【**D**　　　】なる。それらの音波を静止した観測者が聞くと，1秒間当たり鼓膜を通過する音波の数が，前方では増え，後方では減る。すなわち，【**E**　　　】は，前方では大きくなるため音程が高く，後方では小さくなるため音程が低くなる。

ウ 正しい。空気は【**F**　　　】体だが，1m当たり数万ボルトの電位差が加わると放電して電気を通すようになる。雷を起こす電位差は，急激な上昇気流によって発生した水滴が氷結して衝突を起こすと，プラスとマイナスの電気が分離し，雲の上層と下層に逆符号の電荷が蓄積されるため生じると考えられている。

エ 「回折」というのは，障害物があっても回り込んで音が届くことをいうので，誤り。

波の屈折は，波の伝わる速さが空間的に異なる場合に起こる。音は空気の密度の変化が伝わる波であり，音の伝わる速さは温度が【**G**　　　】と大きくなる。冬の晴れた夜では，放射冷却で上空より地表の温度が低くなる。そのため音は，音速が小さい地表に沿って直線的に伝わらず，音速が大きい上空を通り屈折して伝わるようになる。

Point

- [ ] 高度が高いほど気圧が低くなるため，閉じた袋を高度の高い地点に持っていくと膨らむ。

- [ ] 動く音源が近づくときは高い音に聞こえ，遠ざかるときは低い音に聞こえる。

- [ ] 晴れた冬の夜に遠くの音が聞こえやすくなるのは，地上と上空の温度差によって音速が空間的に変化し，音が屈折して伝わるためである。

A：高く，**B**：低く，**C**：短く，**D**：長く，**E**：振動数，**F**：絶縁（不導），**G**：高い

身の回りの現象とエネルギー

次のA～Cの記述とそれに関係するエネルギーとの組合せとして最も適当なのはどれか。

平成21年度
裁判所

A 乾電池に導線をつなぎ豆電球を接続して点灯させた。
⮕化学エネルギーを　　　⮕電気エネルギーを
電気エネルギーに変換　　光エネルギーに変換

B 空気ポンプで自転車のタイヤに空気を入れたところ，ポンプが熱くなった。
⮕力学的エネルギー　　　　　　　　　　　　　⮕熱エネルギー

C ガソリンエンジンで自動車を駆動した。
⮕化学エネルギーを　　　　　⮕力学的エネルギー
熱エネルギーに変換し
さらに力学的エネルギーに変換

	A	B	C
1 ……	電気エネルギー	化学エネルギー	熱エネルギー
2 ……	化学エネルギー	力学的エネルギー	化学エネルギー
3 ……	化学エネルギー	熱エネルギー	核エネルギー
4 ……	光エネルギー	電気エネルギー	熱エネルギー
5 ……	力学的エネルギー	熱エネルギー	力学的エネルギー

　A，B，C それぞれが複数のエネルギーと関係しているので，消去法によって選択肢を選ぶ。

A 乾電池をはじめとする通常の電池は，化学エネルギーを電気エネルギーに変換する典型的な装置である。豆電球は，電気エネルギーを光エネルギーに変換している。ただし，光を得るための装置であっても，一部は【**A**　　　】エネルギーに変換されるため，電球が熱くなったりする。この説明文から，選択肢の **5** が消去できる。

　なお，太陽電池は【**B**　　　】エネルギーを電気エネルギーに変換している。

B 空気ポンプでは，タイヤに空気を送り込むのに，手でポンプを動かさなければならないから，手の運動エネルギーが必要になる。運動エネルギーや重力による【**C**　　　】エネルギーなどは，まとめて力学的エネルギーと呼ばれる。空気ポンプを動かすとき，摩擦によって手の運動エネルギーの一部が熱エネルギーに変換される。この説明文から，選択肢の **1** と **4** が消去できる。

C ガソリンエンジンでは，ガソリンを圧縮して燃焼するときにガソリンの化学エネルギーが熱エネルギーに変換され，引き続いて起こる爆発による圧力でピストンを動かすときに，ピストンの運動エネルギーに変換される。このピストンの運動エネルギーは，摩擦による【**D**　　　】エネルギーの発生を除けば，最終的にタイヤの回転などの運動エネルギーに変換され，自動車が動くことになる。この説明文から，選択肢の **3** が消去できる。

　以上，**A**〜**C**から，残った選択肢は **2** である。

Point

☐ 太陽電池は，光エネルギーを電気エネルギーに変換している。

☐ 植物の光合成では，太陽光を使って炭水化物を作ることで，光エネルギーを化学エネルギーに変換している。

☐ 原子力発電所では，原子核の持つ核エネルギーが，水の熱エネルギー，タービンの運動エネルギーに変換され，最終的に電気エネルギーとして取り出されている。

A：熱，**B**：光，**C**：位置，**D**：熱

物理量の単位

次の物理量の単位に関する説明の下線部の
記述のうち，最も妥当なのはどれか。

平成19年度
国家Ⅱ種

1 単振動する物体の振動数は，単位時間当たりの振動の回数として，<u>単位は Hz
で表され，その物体が 1 回単振動するのに要する時間に比例</u>する。

反比例

2 容器に入った気体の圧力は，気体が容器の内面を垂直に押す単位面積当たりの
力として，単位はN/m²のほか，Pa や atm などでも表されるが，<u>1Pa はおよそ

atm
1.0×10^5 atm に相当</u>する。

Pa

③ 磁場に垂直な 1A の直線電流が長さ 1m 当たり 1N の力を受けるとき，<u>その磁
場の磁束密度の大きさを 1T といい，$1T = 1N/(A \cdot m)$</u> である。

→ T はテスラと読む

4 平行板コンデンサーの電気容量は，<u>極板間における 1V の電位差によって 廿

1C
の電力量</u>が蓄えられるときの電気容量を 1F として表す。

電気量

5 放射線が生物に与える影響量は，放射線の種類による危険度の違いを表す線質
係数を吸収線量に掛けた線量当量として，<u>単位は cd で表される</u>が，<u>線質係数

Sv または rem
の値は，X 線のほうが α 線に比べて大きい</u>。

小さい

国家一般職

1 1秒間に10回振動するとすれば，1回振動するのに要する時間が

$\dfrac{1}{10} = 0.1$ 秒となることから，「比例」が誤りとわかる。

　振動数 f〔Hz〕と，1回振動する周期 T〔s〕の間の関係は，

$f = \dfrac{1}{T}$ である。すなわち，振動数は周期に【**Ⓐ**　　　　　】する。

2 天気予報では気圧を 1013 hPa（ヘクトパスカル）などというが，1hPa＝100Pa であること，1atm は標準の大気圧を表す1気圧を表していることを覚えておこう。

　　$1\,\text{N/m}^2 = 1\,\text{Pa}$　　　$1\,\text{hPa} = 10^2\,\text{Pa}$

　　$1\,\text{atm} = 1013\,\text{hPa} = 1.013 \times$【**Ⓑ**　　　　】 Pa

3 正しい。一様な磁束密度 B〔T〕の中に磁場（磁界）に垂直に置かれた，長さ l〔m〕の導線に，電流 I〔A〕を流したとき，導線が【**Ⓒ**　　　　】から受ける力の大きさ F〔N〕は，$F = IBl$ である。

これから $B = \dfrac{F}{Il}$ となり，$1\,\text{T} = 1\,\text{N/(A・m)}$ とわかる。

4 「電気容量」なのに「1Jの電力量」とあるので，誤りと判断できる。コンデンサーは電気を蓄えるための素子であり，どれだけ電気量を蓄えられるかを表す電気容量がその能力を表す。電気容量の単位 F の読み方は【**Ⓓ**　　　　】である。

5 やや難しいが，cd がカンデラ（candela）という光度を表す単位であることを知っていれば，誤りとわかる。

　物質が受けた放射線の量を表す吸収線量の単位としてグレイ Gy があるが，人体が吸収する放射線の量については，その生物的影響を考慮して，吸収線量に修正係数（線質係数）をかけた等価線量（線量当量）が用いられる。等価線量の単位は，シーベルト Sv またはレム rem が用いられる（1Sv＝100rem）。

$$\underbrace{\text{等価線量}}_{\text{人体に対して}} = \underbrace{\text{修正係数}}_{1 \sim 20} \times \underbrace{\text{吸収線量}}_{\text{物質に対して}}$$

修正係数は，α 線で 20，β 線・X 線・γ 線で 1 となっている。

🔑 Point

□ 圧力の単位には，パスカル Pa ＝ N/m² を使う。また，ヘクトパスカル hPa（＝100 Pa）もよく使われる。標準の大気圧である1気圧は
　　$1\,\text{atm} = 1013\,\text{hPa} = 1.013 \times 10^5\,\text{Pa}$

□ コンデンサーの電気容量の単位ファラド F は，1V の電位差で 1C の電気量を蓄えるとき 1F として定められている。

Ⓐ：反比例，Ⓑ：10^5，Ⓒ：磁場（磁界），Ⓓ：ファラド

物理048

単位

物理学等で用いられる単位に関する次の記述
A ～ D のうち，妥当なもののみをすべて挙げ
ているのはどれか。

平成17年度
国家Ⅰ種

A メートル〔m〕：国際単位系（SI）の基本単位の一つである。1m は，以前は地
球の~~赤道~~ 子午線 の長さの 4 千万分の 1 の長さとされていたが，計測技術の進展ととも
に精度の高さが求められるようになったため，現在では~~ネオン原子が出す光の~~ 真空中の光速
~~波長~~ をもとに定められている。

B パスカル〔Pa〕：圧力の大きさを表す単位であり，1Pa は，1m² 当たり 1N の力
が働く圧力の大きさと定められている。ある地点での大気圧が 1013hPa であ
ったならば，その地点では大気によって 1cm² 当たり約 1kg 重の圧力を受けて
いることになる。

C ~~ジュール〔J〕~~ カロリー〔cal〕：エネルギーの大きさを表す単位であり，1~~J~~ cal は，1g の常温水の温
度を 1℃ だけ高めるのに必要な熱量をもとに定められている。電力などの仕事
率を表す単位であるワット〔W〕は，毎秒 1J ずつの割合で仕事をするとき，
これを 1W とすると定められている。

D ファラド〔F〕：コンデンサーの静電容量などを表す単位であり，1F は，導体
間に 1V の電圧を加えたとき，1C の電気量を蓄える導体間の静電容量と定め
られている。静電容量が同じであれば蓄えられる電気量は電圧に比例するので，
電圧を 2 倍にすれば蓄えられる電気量も 2 倍になる。

1 …… A , B
2 …… A , C
3 …… A , D
4 …… B , C
5 …… B , D

難易度 ★★　**重要度** ★★

A 現在では真空中の光速をもとにメートルが定義されていることを覚えておこう。

　国際単位系（SI）では，秒 s（時間），メートル m（長さ），キログラム kg（質量），アンペア A（電流），ケルビン K（温度），モル mol（物質量），【**A**　　　】cd（光度）の7つを基本単位としている。これらの基本単位以外は，基本単位の組合せで表され，組立単位と呼ばれる。

　メートルの定義は，より正確にするために次のように変遷してきた。
- 子午線の北極から赤道までの長さの千万分の1（1889年）
- クリプトン ^{86}Kr のスペクトル線 $2p_{10}-5d_5$ の真空中における波長の 1650763.73 倍（1960年）
- 光が真空中で 299792458 分の1秒で進む距離（1983年）

B 正しい。$1013\,\text{hPa} = 1.013\times10^5$ 【**B**　　　】は，1m^2 の面に $1.013\times10^5\text{N}$ の力が働いていることを意味する。

　$1\text{m}^2 = (10^2\text{cm})^2 = 10^4\text{cm}^2$

であるから，1cm^2 当たりの力に直すと，$\dfrac{1.013\times10^5}{10^4} = 10.13\text{N}$ となる。kg 重での値に重力加速度の大きさ 9.8m/s^2 をかけた値が N での値だから，

　$10.13\text{N} = \dfrac{10.13}{9.8} \fallingdotseq 1\text{kg 重}$

C 前半のジュールの説明は，カロリー cal の説明である。

　ジュール J は，エネルギーの単位としては使われるが，もともとカロリーの表す【**C**　　　】の単位としても，力と距離の積で表される【**D**　　　】の単位としても使われる。

D 正しい。静電容量 $C\text{[F]}$ のコンデンサーに蓄えられる電気量を $Q\text{[C]}$，電圧を $V\text{[V]}$ とすれば，$Q = $【**E**　　　】が成り立つ。平行平板コンデンサーでは，その極板の面積を S，極板間隔を d，極板間の誘電率を ε とすると，静電容量 C は，$C = $【**F**　　　】と表される。

□ メートルの定義には，真空中の光速が使われている。

□ 圧力を表すパスカル Pa は，$\text{Pa} = \text{N/m}^2$

□ ジュール J は，エネルギー，仕事，熱量を表す単位であり，
　　$\text{J} = \text{W}\cdot\text{s} = \text{N}\cdot\text{m}$

A：カンデラ，**B**：N/m^2（Pa），**C**：熱量，**D**：仕事，**E**：CV，**F**：$\varepsilon\dfrac{S}{d}$

ニュートンの古典物理学

ニュートンの古典物理学には，
相対性理論を基礎に据えた物理学とは
本質的・原理的に異なる要素がある
といわれるが，それは次のうちどれか。

平成14年度
国家Ⅱ種

1 当時の未分化な世界観のため，観測・認識に主観的条件が反映し，全自然を観
測主体とは独立な客観的存在として定立することができない。
　　　　　　　　　　　　　　　　　　　　　　できていた

2 自然を神の感覚中枢の存在する場所として神秘化してしまい，自然現象を絶対
空間および絶対時間などの純化された概念を用いて説明することができない。
　　　　　　　　　　　　　　　　　　　　　説明していた

3 運動や加速度の真の原因は何かといった深遠な問題の究明に深入りしすぎて，
自然を現象としてとらえ記述する現象論の立場に徹しきれない。
　　　　　多くの現象を記述することに成功していた

4 ある質点の位置と運動量は，前の時刻のそれによって一義的に決まるとする因
果的認識に基づいており，物体を無数の質点の集合と考え，生起するすべての
事象を力学的モデルによってとらえる考え方では理解できない。
　　　　　　　　　　　　　　　　　　　　　であった

5 物体の速度が光速に比較して極めて小さな日常経験の領域では常に適用できる
が，光速に比較できるほど大きい領域にはその理論が適用できない。

解説 ×月○日

難易度 ★★　重要度 ★

1 相対性理論は，物体の運動が光速に近い範囲にまで適用できるように拡張された理論であることをもとに判断する。

　　自然を観測主体とは独立な客観的存在とみるかどうかについては，ニュートンの古典物理学と相対性理論とに大きな違いはない。

2 絶対空間や絶対時間は，ニュートンの古典物理学では前提であったことを覚えておこう。したがって，「絶対空間および絶対時間…を用いて説明できない」というのはニュートンには当てはまらない。

　　ニュートンの古典物理学では，物体の存在とは無関係に，物体の入れ物のようなものとして【**Ⓐ**　　　　　】があり，物体の運動とは無関係に【**Ⓑ**　　　　　】が一様に流れるとされた。相対性理論での空間は，それに対して物体が動いているかどうかはいえるものではなく，異なる場所で起こることが同時刻であるかどうかも，観測者の運動状態で異なってくる【**Ⓒ**　　　　　】な概念となる。

3 ニュートンの古典物理学が多くの現象を説明してきたことから，誤りと推測される。ニュートンは，運動の法則や万有引力の法則などを発見し，惑星についての観測事実であった【**Ⓓ**　　　　　】の法則を導くことに成功しているが，なぜ万有引力の法則が成り立つのかといった問題には踏み込まず，それまでなされることが多かった目的論的な説明を避けた。

4 ニュートンの運動の法則では，力がわかっていれば，ある時刻の位置と速度によって，それ以後の物体の運動は一義的に決まることになっていることを覚えておこう。

　　物体を質点の集まりとみなし，それらに働く力を仮定した力学的モデルを立てることで多くの現象が説明された。

5 正しい。ニュートンの運動方程式は，物体の速さが光速に近い場合には適用できない。日常の範囲の物体や，太陽系の天体について，その速さが光速に近くなることはなく，ニュートンの時代では，物体の速さが光速に比べて無視できないような現象が問題とはなっていなかった。

🔑Point

☐ ニュートンの運動方程式は，物体の速さが光速に比べて無視できる範囲では正しい。

- -

☐ 相対性理論によって修正された運動方程式は，物体の速さが光速に比べて無視できない場合でも適用できる。また，光速に比べて物体の速さが無視できる場合には，ニュートンの運動方程式に一致する。

Ⓐ：絶対空間，Ⓑ：絶対時間，Ⓒ：相対的，Ⓓ：ケプラー

アリストテレスとガリレイの運動学

アリストテレスとガリレイの運動学について述べた次の記述を参考にしたとき，それぞれの理論に関する説明として，妥当なものはどれか。

平成8年度
国家Ⅰ種

アリストテレスはすべての運動には原因があるとしている。通常の運動は強制運動といわれ，押したり，引いたりなどの運動力が働いて初めて運動が起こり，運動力が一定なら物体の速さも一定で，また，その速さは重さに反比例する。一方，自由落下などの自然運動では力を加えずとも自然に落下するので，物体の重さが運動の原因であり，重い物体ほど速く落下すると主張した。
　　　➡この主張は誤りで，真空中の落下実験では，重さによらず物体は同時に落ちる
ガリレイは速度と加速度をはっきり区別し，加速度の概念を確立した。自由落下している物体は，その重さとは無関係な一定の加速度で動いているとし，重さを落下の原因とするアリストテレスの主張を否定した。さらに円運動に関する慣性の法則（円慣性の法則）を提案した。その法則によれば外から力を受けずに運動する物体は一様な速さで地球の周りを無限に円運動するであろうということになる。また，ガリレイは物体の一様な運動が物体の外にあるなんらかの基準点を利用することなしには力学的に検出できないと論じた。

1 アリストテレスの理論を用いれば，放物運動において物を投げた瞬間に物体に力が働かなくなるにもかかわらず運動が続くのは，~~放物運動が強制運動と自然運動の組合せなので，重さの運動への影響がなくなるからである~~と説明できる。
　　　　　　投げた後の物体は空気の作用で動く

2 アリストテレスにおける運動とは，速さと重さの積であり，今でいう~~運動エネルギー~~に相当する。
　　　　　　　　　　　　　　　　　　　　　　　　　運動量

3 アリストテレスは落下運動で速度が増えるのは，~~地面に近づくに従い物体の重さが増えるからであるとして，物体の重さはその速度により異なるという重さの相対性を唱えた。~~
　　　落下によって物体の下の空気の層が減って空気の抵抗力が小さくなるためと説明した

4 円慣性の法則の提案は，ガリレイが地球の重力が中心からの距離の2乗に反比例しており，等速円運動の原因であるということを認めていたことを~~示している。~~
　　　　　　　　　　　　　　　　　　　　　　　　　　　　　　　示していない

5 物体の一様な運動の検出には物体系外に基準点が必要であるというガリレイの主張は，力が働かないと運動がないというアリストテレスの主張を明白に否定したもので運動の相対性を示したものである。

解 説　難易度 ★★☆　重要度 ★☆☆

1 「重さの運動への影響がなくなる」と，なぜ運動が続くのかが不明である。すべての運動には原因があるとするアリストテレスの考えに照らして，運動の続く原因が述べられていない説明なので，誤りと推測される。

　　"運動力"を加えている手を離れた後も物体が運動を続ける理由として，アリストテレスは空気が物体を押すというような説明をしたようだ。後に，ガリレイから力がなくても物体は運動することができるという考えが出された。現在において【**Ⓐ**　　　　　】の法則として知られているのは，力が働いていない物体は，静止または【**Ⓑ**　　　　　】運動をする，ということである。

2 運動エネルギーは速さと重さの積ではないことから，誤りとわかる。

　　現在の考えからは，重さは質量 m とすべきで，物体の速さを v として，運動エネルギーは【**Ⓒ**　　　　　】，運動量（の大きさ）は【**Ⓓ**　　　　　】である。

3 「物体の重さはその速度により異なる」という考えは，与えられた説明からは読み取れないので，誤りと推測される。

　　アリストテレスは，落下するにつれて物体が速くなるのは，抵抗を与える空気の層が減るからだというような説明をしたようだ。もちろん，この考えは現在では否定されている。

4 「力を受けずに」「円運動する」というのがガリレイの円慣性の法則であるから，「重力が」「等速円運動の原因であるということを認めていた」の部分は誤りと推測される。ガリレイは，斜面を降りる物体の運動を妨げるものがなければ，物体は地球表面の円軌道上を運動し続けると考え，円慣性の法則を提案した。

5 正しい。ガリレイは，地球が動いているならば塔から落下した物体は後方に置き去りにされるはずだが実際には真下に落ちる，という批判に対して，動く船のマストから落とした物体は船から見れば真下に落ちるので，真下に落ちることから地球が止まっているといえないと反論した。実際には，地球の自転などを考慮して計算すると，塔からの落下では真下からわずかにそれる。

🔑Point

☐ ガリレイは，アリストテレス以後の混同されていた速度と加速度をはっきり区別した。

- -

☐ ガリレイは，現在の慣性の法則につながる，運動には必ずしも力が必要でないという考えを出した。

Ⓐ：慣性，**Ⓑ**：等速直線，**Ⓒ**：$\frac{1}{2}mv^2$，**Ⓓ**：mv

化学

051 → 100

物質の状態変化

物質の状態変化に関する記述として，妥当なのはどれか。

平成15年度
地方上級

1 ~~凝縮~~とは，気体中の分子の熱運動によって気体が混合され，その濃度が均一に
拡散
なる現象である。

2 蒸発とは，大きな運動エネルギーを持つ分子が，その分子間引力に打ち勝って，

熱を ~~放出~~ して液面から飛び出す現象である。
吸収

3 ~~昇華~~とは，気体を圧縮すると，比較的小さな運動エネルギーを持つ気体分子が
凝縮
集まり，液体になる現象である。

4 融解とは，結晶を加熱して温度を上げていくと，ある温度で結晶の一部がくず

れて，液体になる現象である。

5 ~~凝固~~とは，気体が直接，構成粒子の配列が不規則な ~~無定形固体~~ になる現象であ
昇華   固体
る。

解説

難易度 ★☆☆　重要度 ★★☆

1 「混合され」や「濃度が均一」から，凝縮ではなく拡散を説明してい
るとわかる。"凝縮"は気体から液体へ，"凝固"は液体から固体へ
凝り固まるというイメージになる。

2 水を蒸発させるには加熱することから，分子が加えられた熱を吸収
して気体になると判断できる。
　　夏に打ち水をして涼をとるのは,水が蒸発する際に【**Ⓐ**　　　　】
を吸収することを利用している。また，液体の内部から蒸発するの
が【**Ⓑ**　　　　】である。

3 三態変化を表す，凝縮と凝固という言葉を覚えておこう。

4 正しい。固体→液体のときに吸収される熱量が【**Ⓒ**　　　　】，液
体→固体のときに放出される熱量が【**Ⓓ**　　　　】で，同じ値で
ある。

5 固体→気体，または気体→固体と，液体を経ずに状態が変化する現
象は昇華と呼ばれることを覚えておこう。
　　昇華を起こしやすい物質としては，ヨウ素，二酸化炭素の固体で
ある【**Ⓔ**　　　　】,防虫剤として用いられてきた【**Ⓕ**　　　　】
などがある。
　　なお，無定形固体とは，規則的な結晶構造をしておらず，液体が
そのまま固まったような固体のこと。一定の融点をもたず，ガラス，
ゴム，プラスチックは無定形固体である。非晶質とかアモルファス
ともいう。

🔑Point

☐ 気体→液体（凝縮），液体→固体（凝固）
　　固体→液体（融解），液体→気体（蒸発）

☐ 固体→液体→気体となるときは熱を吸収
　　気体→液体→固体となることきは熱を放出

☐ 固体→気体，気体→固体　の変化はともに昇華という。

☐ 無定形固体（非晶質，アモルファス）とは，ガラス，ゴム，プラスチ
　　ックのような，規則的な結晶構造をしていない固体のことで，一定の
　　融点を持たない。

Ⓐ:蒸発熱, Ⓑ:沸騰, Ⓒ:融解熱, Ⓓ:凝固熱, Ⓔ:ドライアイス, Ⓕ:ナフタレン

化学052 物質の状態変化

物質の状態変化に関する記述として最も妥当なのはどれか。

令和2年度
国家専門職

1 物質の融点・沸点は，構成粒子間が~~金属結合で結ばれている物質よりも，水素~~
⟳金属結合のほうが水素結合よりも融点・沸点は高い
~~結合で結ばれている物質のほうが高い~~。~~水素結合から成る~~物質は，自由電子を
　　　　　　　　　　　　　　　　　　　金属
持ち，この自由電子が物質中を移動して熱や電気を伝えることから熱伝導性や

電気伝導性が高い。

2 物質の温度や圧力を変化させると，固体，液体，気体の間で状態が変化する。

このうち，~~液体~~から気体への変化を昇華という。また，圧力が一定のとき，一
　　　　　固体
定量の気体の体積は，温度が上がると~~小さく~~なる。
　　　　　　　　　　　　　　　　　大きく

❸ 固体には，構成粒子が規則正しく配列した結晶があり，炭酸カルシウムは**イオ
ン結晶**，ダイヤモンドは共有結合結晶である。また，ドライアイスは分子間力

により分子が規則正しく配列してできた**分子結晶**である。

4 塩化ナトリウムや~~グルコースは，どちらも水溶液中でイオンに電離するため，~~
　　　　　　⟳グルコースはヒドロキシ基を多数もつため水に溶ける
水によく溶ける。また，イオン結晶は，ベンゼンなどの無極性溶媒には溶けに

くいが，無極性分子であるヨウ素やナフタレンは，~~分子の熱運動により，極性~~
　　　　　　　　　　　　　　　　　　　　　極性溶媒の水には溶けにくい
~~溶媒の水によく溶ける~~。

5 酸素とオゾン，~~金と白金，銅と青銅と黄銅~~といった，同じ元素で構造や性質の
　　　　　　　⟳これらは全く別もの　⟳これらは合金
異なるものを互いに~~同位体（アイソトープ）~~という。また，小さな分子が多数
　　　　　　　　　　同素体
結合したポリエチレンなどの物質を高分子化合物というが，~~高分子化合物は自~~

~~然界には存在しない~~。
⟳デンプンやタンパク質も高分子化合物

国家公務員 国家一般職 **国家専門職** 裁判所 地方上級 市役所 消防官 警察官

解説 難易度 ★★☆ 重要度 ★★☆

1 金属結合は自由電子による金属の原子間の結合であり，水素結合は分子どうしが水素原子を仲介して結合することをいう。融点・沸点は【**A**　　】結合のほうが高い。構成する粒子が三次元的に規則正しく並ぶものを結晶という。【**B**　　】結晶は，融点が高く，硬いものが多い。また，電気を導かないものが多いが，黒鉛は例外的に電気を導く。【**C**　　】結晶は，硬いがもろい。固体では電気を導かないが，高温で融解させたり，水に溶かしたりすると電気を導く。【**A**　　】結晶は，熱や電気をよく導き，箔のように薄く広がる展性や，線のように延びる延性を示す。【**D**　　】結晶は，融点が低く，やわらかいものが多い。固体が直接気体になる（昇華する）ものがある。

2 圧力や温度の変化により，物質は固体・液体・気体と変化する。これを状態変化という。また，温度が上昇すると，分子運動が活発になり，体積は膨張する。

3 正しい。**1**と同様。固体は規則正しく配列されている結晶と，ガラスなどの不規則なアモルファスに分けることができる。

4 分子内に電気的な偏りを持つものを極性分子，偏りを持たないものを無極性分子という。水分子が溶質のイオンや分子にくっつくことを【**E**　　】といい，これにより水に溶けていくことができる。無極性分子は【**E**　　】しないため，水に溶けていくことができない。

5 同一元素からなるが，原子の配列や結合が異なり，それぞれ性質が異なる単体を【**F**　　】と呼ぶ。酸素とオゾン，黒鉛とダイヤモンド，赤リンと黄リンなどがある。また，分子量の大きい分子を高分子化合物といい，天然ではデンプンやタンパク質などがある。

Point

☐ 物質には固体，液体，気体の3つの状態があり，圧力と温度によってその状態が決まる。

☐ 結晶は，結合の種類によって，共有結合結晶，イオン結晶，金属結晶，分子結晶に分かれる。

☐ ブドウ糖が重合するとデンプン，アミノ酸が重合するとタンパク質という高分子化合物になる。

A：金属，**B**：共有結合，**C**：イオン，**D**分子，**E**：水和，**F**：同素体

気体の性質

さまざまな気体に関する次の記述のうち，妥当なものはどれか。

令和2年度
地方上級

1 一酸化炭素COは，~~刺激臭を持つ淡青色~~の気体であり，炭素化合物の不完全燃
　　　　　　　無臭で無色
焼などで発生する。人体に極めて有毒で，血液中の~~ヘモグロビンを分解~~する。
　　　　　　　　　　　　　　　　　　　　ヘモグロビンと結合

2 塩化水素HClは，無色~~無臭~~で水に~~溶けにくい~~。毒性が強く，皮膚や粘膜を侵
　　　　　　　　　刺激臭　　　非常に溶けやすい
すだけでなく，金属を腐食させる。

3 オゾンO_3は酸化作用が強く，水道の殺菌などに使われる。分解されにくく大
気上層でオゾン層をつくるが，これが有毒な紫外線を~~透過させるために問題視~~
　　　　　　　　　　　　　　　　　　　　吸収するため，オゾン層の
~~されている~~。　　　　　　　　　　　破壊が問題視されている

4 窒素N_2は，常温で他の物質と化学反応~~しやすい~~。酸素と化学反応してできる
　　　　　　　　　　　　　　　　　　しにくい
窒素化合物は大気汚染の原因となる。

❺ 二酸化硫黄SO_2は刺激臭のある気体である。大気中に放出されると酸性雨の原
因となる。

難易度 ★☆☆　重要度 ★★★

1 一酸化炭素は無色，無臭，有毒，水に難溶な気体である。空気と混合して点火すると燃焼し，高温では強い還元力を示す。また，血液中のヘモグロビンと結合しやすいため，血中一酸化炭素濃度が高くなると血液の【Ⓐ　　　　】運搬能力が低下し，一酸化炭素中毒になる。

2 塩化水素は無色，刺激臭があり有毒の気体である。水に極めてよく溶ける強酸であり，塩化水素の水溶液を【Ⓑ　　　　】と呼ぶ。アンモニアと反応して【Ⓒ　　　　】を生じる。製法には塩化ナトリウムに濃硫酸を加えて加熱する方法がある。また，水素と塩素の混合気体に紫外線を当てて，爆発的に生成する方法もある。

3 オゾンには，生物にとって有害である太陽からの紫外線を吸収する働きがある。かつてエアコンや冷蔵庫などに使用されていたフロンガスから分離した塩素原子が，オゾン層を破壊することにより地表に届く紫外線が増え，生物に悪影響が生じていると考えられている。

4 窒素は空気中に最も多く含まれており，無色，無臭の気体である。常温での反応性は小さく，水には難溶である。酸素と結合したものに一酸化窒素があり，無色の気体で，水に難溶である。一酸化窒素は空気中では酸素と反応して二酸化窒素になる。二酸化窒素は常温気体で【Ⓓ　　　　】色，刺激臭があり，水に溶け，水溶液は酸性を示す。排気ガスなどにも含まれ，酸性雨の原因物質となっている。

5 正しい。二酸化硫黄は無色，刺激臭の気体で有毒であり，水に溶けて，水溶液は弱い酸性を示し，還元力を持つ。しかし，強い還元剤に対しては酸化剤として働く。二酸化硫黄は排気ガスなどにも含まれ，水に溶けて【Ⓔ　　　　】となり，酸性雨の原因物質となっている。

🔑 Point

- [ ] 一酸化炭素は赤血球中のヘモグロビンと結合し，血液の酸素運搬能力を下げる。
- [ ] 液体空気を分留して得られる液体窒素は沸点が摂氏－196度であり，冷媒として広く利用されている。
- [ ] 南極上空などでオゾンの濃度が極端に低い領域（オゾンホール）が現れるようになった。

Ⓐ：酸素，Ⓑ：塩酸，Ⓒ：塩化アンモニウム，Ⓓ：赤褐，Ⓔ：亜硫酸

化学結合

化学結合に関する記述として、妥当なのはどれか。

平成26年度
地方上級

1 電気陰性度の大きい原子が隣接分子の水素原子と引き合うような，水素原子を仲立ちとした分子間の結合を水素結合という。

2 2個の原子の間で，それぞれの原子が価電子を出して引き合うような，互いの~~静電気的な力（クーロン力）~~による結合を共有結合という。
価電子の共有

3 陽イオンと陰イオンとの間に働く力を~~ファンデルワールス力~~といい，この力による結合をイオン結合という。
クーロン力

4 金属の原子が集合した金属の単体において，~~隣り合う2個の原子~~の間で共有される価電子による結合を金属結合という。
結晶中のすべての原子

5 電荷の片寄りがある極性分子の分子間に働く，無極性分子より強い静電気的な引力による結合を~~配位結合~~という。
➡特に名称はないが配位結合ではない
（双極子相互作用による結合）

解説

難易度 ★　重要度 ★★

1 正しい。極性分子中の原子のうち, 電気陰性度の大きいフッ素, 酸素, 窒素, 塩素などの原子は電子を引きつけて負に帯電し, 水素原子は正に帯電するので, 分子内の電気陰性度の大きい原子と水素原子の間に【Ⓐ　　　　】的な力が働くようになる。このような力による分子間の結合が水素結合である。通常の分子間の引力よりも強い結合である。

2 He, Ne など安定な電子配置を持つ【Ⓑ　　　　】と, 同じ周期の非金属元素を比べると, 非金属元素は電子が不足しているが, それらの原子が複数集まって電子を共有することで, 【Ⓑ　　　　】と同じ安定な電子配置を実現できるようになる。このようにして分子がつくられ, 分子内の原子を結びつけるのが共有結合である。

3 金属元素は陽イオンになりやすく, 非金属元素は陰イオンになりやすい。陽イオンと陰イオンの間の静電気的な力（クーロン力）による結びつきがイオン結合である。ファンデルワールス力は分子間に働く弱い引力のことである。

4 原子の最も外側の電子殻にあり, 化学結合に強く関わる電子が価電子である。金属の結晶では, 各原子の価電子が原子から離れて結晶中を自由に動けるようなり, 価電子がすべての原子に共有される状態になっている。このような電子は【Ⓒ　　　　】電子と呼ばれ, この電子による結合が金属結合である。

5 分子には電荷の片寄った極性分子と片寄りのない無極性分子がある。極性分子か無極性分子かは, 分子内の原子の【Ⓓ　　　　】度や分子の形による。無極性分子の間にもファンデルワールス力による引力が働くが, 極性分子の間にはそれよりも強い静電気的な力が働く。水素原子が関わるような場合は特に水素結合と呼ばれる。

Point

- ☐ イオン結合からなる物質は, 結晶では電気を通さないが, 液体にしたり, 融解したりすると電気を通すようになる。

- ☐ 電気陰性度は, フッ素 F, 酸素 O, 塩素 Cl, 窒素 N が特に大きく, 周期表の右上ほど大きい傾向がある。

Ⓐ：静電気, Ⓑ：希ガス, Ⓒ：自由, Ⓓ：電気陰性

化学結合と結晶

化学結合や結晶に関する記述として最も妥当なのはどれか。

平成29年度 国家一般職

1 イオン結合とは，陽イオンと陰イオンが静電気力によって結び付いた結合のことをいう。イオン結合によってできているイオン結晶は，一般に，硬いが，外部からの力にはもろく，また，結晶状態では電気を導かないが，水溶液にすると電気を導く。

2 共有結合とは，2個の原子の間で電子を共有してできる結合のことをいう。窒素分子は窒素原子が~~二重~~結合した物質で電子を~~4個~~共有している。また，非金
三重 ・・・ 6個
属の原子が多数，次々に共有結合した構造の結晶を共有結晶といい，例としては~~ドライアイス~~が挙げられる。
ダイヤモンド，ケイ素（シリコン）など

3 それぞれの原子が結合している原子の~~陽子~~を引き付けようとする強さには差が
電子
あり，この強さの程度のことを電気陰性度と呼ぶ。電子陰性度の差によりそれぞれの結合に極性が生じたとしても，分子としては極性がないものも存在し，例としては~~アンモニア~~が挙げられる。
メタン，二酸化炭素など

4 分子結晶とは，共有結合より~~強い~~結合によって分子が規則正しく配列している
弱い ◆主にファンデルワールス力。氷のように水素結合によって結合している場合もある
結晶のことをいう。分子結晶は，一般に，電気伝導性が~~大きく~~，~~水に溶けやすい~~。例としては~~塩化ナトリウム~~が挙げられる。
なく ◆物質によって異なる
水やドライアイスなど

5 金属結合とは，金属原子から放出された~~陽子と~~電子が自由に動き回り，金属原
◆陽子は自由に動き回らない
子どうしを結び付ける結合のことをいう。金属結晶は多数の金属原子が金属結合により規則正しく配列してできており，熱伝導性，電気伝導性が大きく，~~潮解性があるなどの特徴を持つ。~~
◆金属は水に溶けることはなく，潮解性はない

1 正しい。原子が電子を失うと【🅐　　　】になり，電子を受け取ると【🅑　　】になる。【🅐　　】と【🅑　　】の間に働く静電気力は強いため，イオン結晶は硬いが，外部からの力にはもろい。結晶のときは電気を通さないが，水に溶かして水溶液にすると，電気を帯びたイオンが水分子の間を動くことによって電気を導くことができる。

2 共有結合は，原子そのものの一部（電子）を共有しており，原子間の結合として最も強い。ダイヤモンドが硬いのは【🅒　　】が共有結晶をしているためである。ただし，共有結晶はケイ素（シリコン）など，わずかな例しかない。ほとんどの共有結合は，共有結晶ではなく1つの小さな分子を作るための結合である。たとえば，2つの酸素原子は【🅓　　】結合して1つの酸素分子を作る。二重結合では，2つの原子の両方が2つずつ電子を共有結合に使い，合計4つの電子が共有される。1つずつ電子を共有結合に使うのが【🅔　　】であり，この場合は合計2つの電子が共有される。

3 電気陰性度は，共有電子対を引きつける力の大きさである。電気陰性度は希ガス以外で定義され，第一イオン化エネルギーと似た傾向を示す。電気陰性度が大きい原子ほど共有電子対を引きつけ，結果として原子間の電荷に偏りができる。これが【🅕　　】である。メタンや二酸化炭素のように電気陰性度の差を打ち消し合い，極性がない場合もある。

4 分子結晶は，たいていの場合は分子が【🅖　　】（非常に弱い）で結合してできる。文中の塩化ナトリウムはイオン結晶を作る。

5 金属結合は，原子から放出された電子である【🅗　　】によって結合し，電気を通し，熱伝導性も高い。潮解性とは，空気中の水分を吸って溶ける性質のことであり，金属結合とは無関係である。

🔑Point

☐ 電気的な力で結び付くイオン結合や金属結合より，電子を共有する共有結合のほうが強く，分子結晶を作るファンデルワールス力のほうが弱い。

🅐：陽イオン，🅑：陰イオン，🅒：炭素，🅓：二重，🅔：単結合，🅕：結合の極性，
🅖：ファンデルワールス力，🅗：自由電子

物質の構成

物質の構成に関する記述として、妥当なのはどれか。

平成25年度
地方上級

1 1種類の元素からできている純物質を単体といい、水素、酸素および鉄がその例である。

2 2種類以上の物質が混じり合ったものを混合物といい、~~水、二酸化炭素およびアンモニア~~がその例である。
空気、海水、食塩水など

3 2種類以上の元素がある一定の割合で結びついてできた純物質を化合物といい、~~空気、海水および食塩水~~がその例である。
水、二酸化炭素、アンモニアなど

4 同じ元素からなる単体で、性質の異なる物質を互いに~~同位体~~であるといい、ダイヤモンド、黒鉛およびカーボンナノチューブは炭素の~~同位体~~である。
同素体　　　　　　　　　　　　　　　　　　　　　　同素体

5 原子番号が等しく、質量数が異なる原子を互いに~~同素体~~であるといい、重水素および三重水素は水素の~~同素体~~である。
同位体　　　　　　　　　　　　　同位体

1 正しい。単体の例にある水素，酸素，鉄は，気体の水素 H_2，気体の酸素 O_2，赤鉄鉱などから還元して得られた純粋な鉄といったように具体的な物質のことである。

2 一般に物質は，混合物と純物質に分けられる。混合物は，空気や溶液などの均一な混合物と，ドレッシングソースやコンクリートなどの不均一な混合物に分けられる。混合物は，ろ過や蒸留などの物理的な操作によって【Ⓐ　　　　　】に分けることができる。

3 純物質は，単体と化合物に分けられる。化合物である水 H_2O，二酸化炭素 CO_2，アンモニア NH_3 は，それぞれ H と O，C と O，H と N から構成される。化合物は化学的な操作で【Ⓑ　　　　　】に分けることができる。例えば，水の電気分解では【Ⓑ　　　　　】である水素と酸素が発生する。

4 例として挙げられている炭素の同素体は，どれもたった1種類の炭素原子だけから構成される物質であるが，炭素原子どうしの結合の仕方がそれぞれ異なるために，違う種類の物質になる。

5 原子核は，一般に陽子と中性子で構成されている。陽子の個数が等しくて中性子の個数が異なるものを互いに同位体という。

$$A（質量数）= Z（陽子の個数）+ N（中性子の個数）$$

の関係があるので，Z が同じで N が違えば質量数 A も違うことになる。元素記号 X の左上に A，左下に Z を書いて $^{A}_{Z}X$ と表す。水素（$Z = 1$）の同位体には，$N = 0$（$A = 1$）の通常の水素（軽水素）^{1}H，$N = 1$（$A = 2$）の重水素 $^{2}_{1}H$，$N = 2$（$A = 3$）の三重水素（トリチウム）$^{3}_{1}H$ がある。三重水素は【Ⓒ　　　　　】同位体であり，半減期約 12 年で β 崩壊する。

Point

☐ 純物質では融点や沸点の値は定まっているが，混合物では混じっている物質の割合によって融点や沸点が変わる。

☐ 酸素の単体には，二原子分子の酸素と，三原子分子のオゾンがあり，これらは互いに同素体である。

Ⓐ：純物質, Ⓑ：単体, Ⓒ：放射性

物質の成分

次のA～Dのうち，物質の成分に関する記述として，妥当なものの組合せはどれか。

平成19年度
地方上級

A 物質を構成している基本的な成分を元素といい，元素は，人工的に作り出すことはできず，元素の例としてナフタレンがある。
　　　できる　　　　　　　　　　　　　　　➡ナフタレンは元素ではない

B 単体は，1種類の元素のみからできている物質で，化学反応では別の物質に分解することができない物質であり，黒鉛は鉛の単体である。
　　　　　　　　　　　　　　　　　　　　　　　　　　炭素

C 化合物は，2種類以上の元素からできており，化合物の例として，生石灰があり，生石灰は酸素とカルシウムとからできている。

D 同じ元素の単体で，性質が異なる物質を互いに同素体といい，硫黄の同素体には，斜方硫黄，単斜硫黄およびゴム状硫黄がある。

1 …… A，B
2 …… A，C
3 …… B，C
4 …… B，D
5 …… C，D

解説

難易度 ★☆☆　重要度 ★★☆

A ナフタレンは【**Ⓐ**　　　　】環を持つ有機化合物（$C_{10}H_8$）である。元素ではない。また，元素は 100 種類以上知られているが，天然に存在しているのは【**Ⓑ**　　　　】種類ほどであり，そのほかは人工的に作られた元素である。

B 炭素の単体には黒鉛（グラファイト）のほかに，非常に硬い物質の【**Ⓒ**　　　　】がある。また，近年になって【**Ⓓ**　　　　】やカーボンナノチューブといった単体も発見されている。

C 正しい。1 種類の元素からなる物質が単体であるのに対して，2 種類以上の元素からなる物質が化合物である。
　生石灰は酸化カルシウム CaO のことである。石灰岩や大理石の主成分である炭酸カルシウム $CaCO_3$ を強熱してできる。生石灰は，水と反応させると【**Ⓔ**　　　　】石灰になる。これは水酸化カルシウム $Ca(OH)_2$ のことである。$Ca(OH)_2$ の飽和水溶液が石灰水で，石灰水に二酸化炭素を吹き込むと炭酸カルシウムの白い沈殿ができる。

D 正しい。**A**で挙げた炭素の単体も互いに【**Ⓕ**　　　　】である。
　硫黄や炭素のほか，同素体としてよく知られているものに，リンの同素体である猛毒の【**Ⓖ**　　　　】，マッチの側薬として用いられる【**Ⓗ**　　　　】がある。
　【**Ⓕ**　　　　】と似た言葉だが，同位体（アイソトープ）というのは，原子番号（陽子の数）は同じだが質量数（陽子と中性子の数の和）が異なる原子のことをいう。

🔑 Point

☐ 物質を構成している基本的な成分を元素といい，天然に約 90 種ほどある。

☐ 単体は 1 種類の元素からできている物質，化合物は 1 種類以上の元素からできている物質をいう。

☐ 同素体は，同じ元素の単体で性質が異なる物質のこと。
　炭素の同素体：ダイヤモンド，黒鉛，フラーレンなど
　硫黄の同素体：斜方硫黄，単斜硫黄，ゴム状硫黄
　リンの同素体：黄リン，赤リン

Ⓐ：ベンゼン，Ⓑ：90，Ⓒ：ダイヤモンド，Ⓓ：フラーレン，Ⓔ：消，Ⓕ：同素体，Ⓖ：黄リン，Ⓗ：赤リン

化学058

物質の構造

次の A ～ D の記述の正誤の組合せとして最も適当なのはどれか。

平成23年度
裁判所

A 物質を構成する基本的な粒子を原子という。原子は，正の電荷を持つ原子核と，そのまわりを回っている負の電荷を持つ電子からできている。原子核はさらに，正の電荷を持つ陽子と，電荷を持たない中性子からできている。原子核中の陽子の数を原子番号という。これは原子の質量を示す質量数と等しい。
電子の数

B 化学物質を構成する様々な元素を原子番号の順に並べると，化学的性質のよく似た元素が周期的に現れる。また，単体の体積，融点，沸点などにも，同じような周期性が見られる。このような周期性を元素の周期律という。
➡単体の固体1mol 当たりの体積（原子容）

C 物質の中には，隣り合う二個の原子がいくつかの価電子を共有することによって形成する共有結合により分子を形成するもの，希ガスのように一つの原子が
➡最外殻にある電子
一つの分子を形成するもの，正の電荷を持つイオンと負の電荷を持つイオンと
➡単原子分子という
の間に電気的な引力が働いてできるイオン結合により形成されるものなどがある。

D 金属では，すべての価電子が原子間を自由に運動している。金属の性質を示す元素を金属元素といい，一般に陽イオンになりやすい。たとえば，鉄は空気中の酸素と化合して二価もしくは三価の陽イオンとなり酸化鉄を形成する。金属元素以外の元素を非金属元素といい，希ガス以外の非金属元素は陰イオンになるものが多い。

	A	B	C	D
1	正	正	誤	誤
2	正	誤	誤	正
3	正	誤	正	正
4	正	正	正	誤
5	誤	正	正	正

解説

難易度 ★★　重要度 ★★

質量数(陽子の数+中性子の数)

$${}^{4}_{2}\mathrm{He}$$

原子番号(陽子の数=電子の数)

A 原子の構造は右図のように，一つの原子核とそのまわりを回る電子からなる。原子核はさらに，陽子と中性子からなる。陽子の数を原子番号といい電子の数にも等しい。陽子と中性子の質量はほぼ同じで，電子の質量よりもずっと大きいので，陽子の数と中性子の数を合わせた数を質量数といい，原子の質量の目安としている。元素の種類は原子番号で決まるが，同じ元素の中に同位体と呼ばれる原子がある。これは[**Ⓐ**　　　]の数が異なる原子である。たとえば，水素という元素は，そのほとんどを占める${}^{1}_{1}\mathrm{H}$と，微量の${}^{2}_{1}\mathrm{H}$（重水素），ごく微量の${}^{3}_{1}\mathrm{H}$（三重水素）からなる。

B 正しい。元素の周期律は，ロシアのメンデレーエフが1869年の著書の中で明らかにしたもので，それに基づいて最初の周期表をつくった。元素のうち典型元素では周期律が明確だが，遷移元素では明確ではない。周期表はその後いろいろ修正され，現在の形になっている（周期表は163ページ参照）。

C 正しい。物質の化学的な性質や結合は，原子の最外殻の電子である価電子が関係している。非金属元素どうしが結合する場合は，二酸化炭素CO_2のように，[**Ⓑ**　　　]結合による分子を形成することが多い。金属元素と非金属元素が結合する場合は，塩化ナトリウム$NaCl$のように，イオン結合による場合が多い。

D 正しい。金属の原子は価電子を放出しやすいため，金属元素の単体は，価電子が金属全体で共有されるようになる。これを[**Ⓒ**　　　]電子といい，金属結合をつくる。金属表面の光沢や，熱・電気を伝えやすい，展性・延性などの金属の性質は，この[**Ⓒ**　　　]電子によるものである。

Point

- [ ] 周期表の18族の元素は希ガスと呼ばれる。化学的に安定していて，他の原子と反応することはほとんどなく，同じ希ガス原子どうしも共有結合を形成せず，単原子分子の形をとる。

- -

- [ ] 二酸化炭素の固体であるドライアイスは，二酸化炭素分子どうしが分子間力で結合した分子結晶である。分子結晶は融点が低く，昇華性のものが多い。

Ⓐ：中性子，**Ⓑ**：共有，**Ⓒ**：自由

物質の構成と変化

物質の構成や変化に関する記述として
最も妥当なのはどれか。

平成24年度
国家専門職

1 酸化還元反応によって発生するエネルギーを電気エネルギーとして取り出す装置を電池という。マンガン乾電池のように充電による再使用ができない電池を一次電池，車のバッテリーに使われる鉛蓄電池のように充電により再使用ができる電池を二次電池（蓄電池）という。

2 物質の最小構成単位の個数をそろえて表した量は**物質量**と呼ばれ，モル（mol）という単位で表される。1モルあたりの原子の数（6.02×10^{23}/mol）を~~ファラデー~~定数といい，物質1モルあたりの質量はどの物質でも 6.02×10^{-23} g と一定である。
（アボガドロ）
（原子量や分子量の値にグラムをつけた質量になる）

3 分子を構成する原子は，価電子を互いに共有することで安定な電子配置となり，結合ができる。鉄や銅などの金属では，原子が出した価電子が~~特定の原子間に固定され~~，原子間で価電子が共有されることにより強力な結合となる。これを金属結合という。
（金属全体を移動できるようになり）

4 ある物質が水に溶け，陽イオンと陰イオンに分解されることを~~電気分解~~といい，外部から電気エネルギーを加えて自発的には起こらない酸化還元反応を起こさせることを電離という。また，電気分解される塩化ナトリウム，~~アルコールおよびグルコース~~等の物質を電解質という。
（電離）
（電気分解）
➡アルコールやグルコースは電解質ではない

5 ~~中性子~~の数が等しくても~~陽子~~の数が異なる原子は互いに同位体（アイソトープ）と呼ばれており，質量は~~同じである~~が化学的な性質は~~全く異なる~~。同位体の中には放射線を出す放射性同位体（ラジオアイソトープ）があり，年代測定や医療などに利用されている。
（陽子）（中性子）（異なる）（ほぼ同じである）

解説　難易度 ★★　重要度 ★★

1 正しい。電池は再使用ができるかどうかで一次電池と二次電池に分類される。主な電池には次の表のようなものがある。【Ⓐ　　　　】電池は携帯電話やノート型パソコンに用いられる。また，負極に燃料となる【Ⓑ　　　　】などを用いた燃料電池と呼ばれる電池がある。

一次電池	マンガン乾電池
	アルカリマンガン乾電池
	リチウム電池
二次電池	鉛蓄電池
	ニッケル・カドミウム電池
	【Ⓐ　　　　】電池
燃料電池	負極に【Ⓑ　　　　】，正極に酸素などを用いる。

2 物質量は，原子や分子のような非常に小さい粒子の個数を表す量である。炭素原子 ^{12}C が 12g 分だけ集まったときの原子の個数を 1mol と定めている。

3 金属結合は，特定の原子に固定されないで，自由に動くことのできる自由電子による結合である。金属原子の配列を変化させても，自由電子が動いて結合を保つので，金属には延性（線状に延ばせること）や【Ⓒ　　　　】（面状に広げられること）の性質がある。

4 選択肢の文章は，電離と電気分解が逆になっている。NaClは水に溶けると Na^+ と Cl^- イオンに分かれて，これらのイオンが電気を運ぶ。

5 炭素は，99％程度が陽子6個，【Ⓓ　　　　】6個の ^{12}C で，残り1％程度が陽子6個，【Ⓓ　　　　】7個の ^{13}C である。そして，放射性同位体である ^{14}C がほんのわずか含まれる。

Point

☐ 金属が示す展性や延性は，すべての原子が自由電子を共有することで形成される金属結合の特徴の1つである。

☐ 原子番号は同じであるが，原子核中の中性子の数が違うために質量が異なる原子を互いに同位体という。

Ⓐ：リチウムイオン，Ⓑ：水素，Ⓒ：展性，Ⓓ：中性子

身近な物質の変化

次の A ～ E のうち，物質の変化または反応に
関する記述として，妥当なものの組合せは
どれか。

平成23年度
地方上級

A 夜空に打ち上げた花火が様々な色を示すのは，炎色反応によるものであり，アルカリ金属やアルカリ土類金属などの塩が炎から熱エネルギーを得ることで起こる。

B 水に濡れた衣服を着ていて体が冷えるのは，昇華によるものであり，液体が気
蒸発（気化）
体に変化するときに周囲から熱を奪うことで起こる。

C マンガン乾電池から電気を取り出すことができるのは，酸化還元反応によるものであり，電極が電解質溶液との間で電子の授受を行う現象を利用している。

D 包装の中にシリカゲルを入れることで湿気による食品の劣化を防ぐことができるのは，脱水作用によるものであり，シリカゲルが周囲の空気中の水素と酸素を取り出し，水として奪う現象を利用している。
水分子を吸着する

E 衣類ケースに入れたナフタレンを主成分にした防虫剤が時間の経過とともに小さくなるのは，潮解によるものであり，ナフタレンが空気中の水分を吸収，溶
昇華　　　　　　　　　　　　　　　固体から気体に直接変わる
解することで起こる。

1 …… A , C

2 …… A , D

3 …… B , C

4 …… B , E

5 …… D , E

解 説

難易度 ★★　　重要度 ★★

基礎理論

A 正しい。炎色反応は，熱エネルギーによって，原子中の電子がエネルギーの高い不安定な状態に励起（れいき）され，再び元のエネルギーの低い安定な状態に戻るとき，そのエネルギー差に反比例する波長の光を出すことで起こる。電子のとることのできるエネルギーは，各元素で決まっているので，この光の波長（色）は元素特有のものになる。炎色反応が見られる元素は，ちょうど可視光の範囲の波長の光を出すような元素に限られ，次の表の例はよく知られている。

	元素	色
アルカリ金属	ナトリウム Na	【**A**　　　】色
	カリウム K	赤紫色
アルカリ土類金属	カルシウム Ca	橙赤色
	ストロンチウム Sr	深赤色
	バリウム Ba	黄緑色

B 昇華は，固体から気体，または気体から固体に直接変化する現象をいう。液体から気体への変化は蒸発（気化），気体から液体への変化は【**B**　　　】という。また，固体から液体への変化は融解，液体から固体への変化は【**C**　　　】という。

C 正しい。物質が電子を失う変化が【**D**　　　】，電子を受け取る変化が【**E**　　　】である。マンガン乾電池では，缶状容器を兼ねた負極に亜鉛 Zn，その内側の正極活物質に酸化マンガン（IV）MnO_2 を使っていて，Zn が酸化され Zn^{2+} になり，MnO_2 は還元される。

D シリカゲルは，多孔質の物質で表面積が広く，親水性の－OH 基を持っているため，水素結合により極性分子である水分子を吸着する。空気中の無極性分子である水素 H_2 と酸素 O_2 を吸着して水分子 H_2O にするわけではない。

E ナフタレンは昇華性の物質で，固体から気体へ直接変化する。昇華性の物質は，分子結晶からなる物質に多く，二酸化炭素の固体であるドライアイスも昇華性の物質である。

Point

□ 塩化コバルト（II）を含ませたシリカゲルは，青色が赤色に変わることで水の吸収の程度がわかるようになっている。

□ 水酸化ナトリウムなどが，空気中の水分を吸収して溶けていくことを潮解という。また，結晶の炭酸ナトリウムなどが，空気中で結晶内の水分子を失って粉末状になることを風解という。

A：黄，**B**：凝縮，**C**：凝固，**D**：酸化，**E**：還元

135

原子量と分子量

元素の原子量，物質の分子量に関する記述として最も妥当なのはどれか。

平成15年度
国家Ⅱ種

1 元素の周期表において，右および下に位置する元素ほど<del>原子量が大きく</del>，縦に
　　❷ CoとNiなど一部ではこうならない
並んだ同じ族の元素を上から下にたどるときは原子量が<del>等間隔で増加する</del>が，
　　　　　　　　　　　　　　　　　　　　　　　　　等間隔にはならない
横に並んだ同じ周期の元素を左から右にたどるときは原子量が<del>急増していく</del>傾
　　　　　　　　　　　　　　　　　　　　　　　　　　　急増はしない
向にある。

2 金属は<del>原子量が大きいほどそのイオン化傾向も大きい</del>ので，複数の金属イオン
　　　　　　└ このような相関はない
を含む水溶液に別の金属片を入れると，その金属片の表面に析出してくるのは，
<del>最も原子量の小さい</del>金属である。
金属片よりもイオン化傾向

3 ドライアイスから生ずる気体の二酸化炭素は，温度が低いため部屋の下方に流
れていくが，二酸化炭素はそもそも分子量が空気の見掛けの分子量より<del>小さい</del>
　　　　　　　　　　　　　　　　　　　　　　　　　　　　　　　　　大きい
ため，<del>室温と同じ温度になると部屋の上方にたまっていく</del>。
　　　室温にならなくても部屋の下方にたまる傾向がある

④ ブドウ糖（分子量180）10グラムを水100グラムに溶かした溶液と，ショ糖（分
子量342）10グラムを水100グラムに溶かした溶液とを比較するとき，ブドウ
糖水溶液の方が質量モル濃度が高いため，凝固点降下度も大きくなる。

5 酢酸 CH_3COOH とエタノール C_2H_5OH は1：1の割合で反応して酢酸エチル
が生成するため，酢酸エチルの分子量は，酢酸の分子量とエタノールの分子量
<del>との和に等しい</del>。
　　└ 水分子1個分だけ小さい

解説

難易度 ★★　重要度 ★★★

1 周期表（163ページ参照）は原子番号（陽子の数）の順で並べられていて，原子の相対質量を表す原子量は，原子番号とともに大きくなるが，一定量ずつ大きくなるわけではないことに注意しよう。

　　周期表では，右へ1つ移動するごとに原子番号は【**A**　　　　】増える。また，同じ族に属する第2周期の元素から第3周期の元素に移動すると，原子番号は【**B**　　　　】増える。このように，周期表を上から下にたどる場合には，左から右へたどる場合よりも原子番号や原子量の変化が大きくなる。

2 ナトリウム（イオン化傾向大で軽い）と金（イオン化傾向小で重い）などを考えれば，原子量が大きいほどイオン化傾向が大きいということが誤りとわかる。

　　硫酸銅(Ⅱ)水溶液に亜鉛板を入れると，銅より亜鉛のほうがイオン化傾向が【**C**　　　　】ため，銅が析出してくる。

3 二酸化炭素の分子量を計算して判断する。

　　二酸化炭素 CO_2 の分子量は $12+16×2 = 44$ であり，空気の平均分子量 28.8（空気の主成分の窒素の分子量 28 に近い）よりも大きい。固体である【**D**　　　　】は冷凍や舞台の特殊効果に利用される。

4 正しい。質量モル濃度は，溶媒1000gに溶けている溶質のモル数のことだから，

$$ブドウ糖の濃度 = \frac{10}{180}×\frac{1000}{100} \qquad ショ糖の濃度 = \frac{10}{324}×\frac{1000}{100}$$

希薄溶液では，溶けている溶質の質量モル濃度が高いほど凝固点は【**E**　　　　】り，沸点は【**F**　　　　】る。

5 カルボン酸とアルコールとのエステル反応を覚えておこう。

　　酢酸（カルボン酸）とエタノール（アルコール）が反応すると，水分子がとれて酢酸エチル（エステル）ができる。

$$CH_3COOH \ + \ HOC_2H_5 \ \longrightarrow \ CH_3COOC_2H_5 \ + \ \underbrace{H_2O}_{水が分離}$$

$$\underbrace{}_{ここがとれる}$$

逆に，エステルに水を加えて加熱するともとのカルボン酸とアルコールに【**G**　　　　】分解される。

🔑 Point

- ☐ 二酸化炭素は空気より重い。
- ☐ 質量モル濃度が高いほど，凝固点は下がる。
- ☐ カルボン酸とアルコールから水がとれてエステルができる（縮合）。

A：1，**B**：8，**C**：大きい，**D**：ドライアイス，**E**：下が，**F**：上が，**G**：加水

化学062

化学者の業績

化学者に関する記述として，
妥当なのはどれか。

令和元年度
地方上級

1 ~~ドルトン~~は，元素の周期律を発見し，当時知られていた元素を原子量の順に並
メンデレーエフ
べた周期表を発表した。

2 ~~カロザース~~は，窒素と水素の混合物を~~低温，低圧~~の下で反応させることにより，
ハーバーとボッシュ　　　　　　　　　　　　高温　高圧
アンモニアを合成する方法を発見した。

❸ プルーストは，一つの化合物に含まれる成分元素の質量の比は，常に一定であ

るという法則を発見した。

4 ~~ハーバー~~は，食塩水，アンモニアおよび二酸化炭素から炭酸ナトリウムを~~製造~~
ソルベー
~~する，オストワルト法~~と呼ばれる方法を発見した。
効率よく製造するアンモニアソーダ法またはソルペー法

5 アボガドロは，同温，同圧の下で，同体積の気体に含まれる分子の数は，~~気体~~

~~の種類により異なる~~という説を発表した。
気体の種類にかかわらず同じである

1 [**Ⓐ**　　　] が元素の周期表を発表した。この周期表では，性質の似た元素がグループでまとめられ，未発見の元素の場所が空欄にされていた。さらに未発見の元素については，その性質を類推し，その後，発見された元素がほぼ一致したので，この周期表に対する信頼は非常に高まった。

2 アンモニアは，四酸化三鉄を主成分とした触媒を用いて，窒素と水素を高温高圧で直接反応させて作られる。このようなアンモニアの合成方法は，ハーバーとボッシュが完成させたので，[**Ⓑ**　　　] と呼ばれる。

3 正しい。[**Ⓒ**　　　] は鉄などの鉱物や化合物を分析しているうちに「同じ物質であればその組成は一定である」という [**Ⓓ**　　　] を発見した。

4 食塩水と石灰石から炭酸ナトリウム（ガラスの原料などとして利用）を製造する工業的製法を [**Ⓔ**　　　] という。

5 [**Ⓕ**　　　] は「水素や酸素のような単体も，水のような化合物も，すべて分子からできている。分子はいくつかの原子が結合しており，分子は反応のときに原子にまで分割される」と考えた。そこで，ゲーリュサックの仮説の原子を分子に訂正し，「同じ温度，同じ圧力，同じ体積の気体中には，同数の分子が含まれる」と提唱した。

Point

□ ラボアジエは，密閉容器中で空気とスズを熱する研究から，「化学反応によって，物質全体の質量の和は変わらない」という質量保存の法則を発見した。

□ ゲーリュサックは「気体の反応における同温，同圧での体積の間には簡単な整数比が成り立つ」という気体反応の法則，および「同じ温度，同じ圧力，同じ体積の気体中には，同数の原子が含まれる」という仮説を発表した。

Ⓐ：メンデレーエフ，Ⓑ：ハーバー・ボッシュ法，Ⓒ：プルースト，Ⓓ：定比例の法則，
Ⓔ：アンモニアソーダ法またはソルベー法，Ⓕ：アボガドロ

塩化ナトリウム水溶液の電気分解

図のような装置で 15％の塩化ナトリウム水
溶液を電気分解したところ，陰極と陽極の両
方で気体が発生した。陽極側で発生した気体
の性質に関する記述として最も妥当なのはど
れか。

平成20年度
国家Ⅱ種

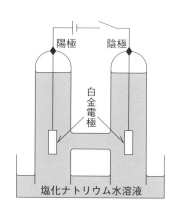

陽極　陰極

白金電極

塩化ナトリウム水溶液

1 常温で黄緑色の気体であり，化学的に非常に活発で多くの金属と反応する。紙
パルプなどの有機材料の漂白や上水道の殺菌に用いられる。◆塩素に関する記述

2 空気中に存在するほか，水や岩石，生物体など多くの物質に化合物の形で含まれ，
地殻では最も量の多い元素である。工業的には，液体空気の分別蒸留によって
製造される。◆酸素に関する記述

3 無色，無味，無臭の気体である。1個の分子が2個の原子からなる二原子分子で，
沸点，融点とも単体ではヘリウムに次いで低い。◆水素に関する記述

4 1個の分子が3個の原子からなる三原子分子で，薄い青色で臭気があり有毒で
ある。光化学オキシダントの一つであり，光化学スモッグを引き起こして人間
や植物に害を及ぼす。◆オゾンに関する記述

5 2種類の元素からなる化合物で，刺激臭のある無色の気体である。工業的に重
要な物質で，硫安，尿素などの肥料，硝酸などの製造原料である。
◆アンモニアに関する記述

電気分解の陽極の反応は，白金電極で水溶液が塩化物イオン Cl^- を含むときは塩素 Cl_2 が発生する。

1 正しい。

塩素の特徴を整理しておこう。

色	[Ⓐ　　　]
臭い	[Ⓑ　　　]
水への溶解性	溶けやすい
人体への影響	[Ⓒ　　　]
捕集方法	[Ⓓ　　　] 置換

2「地殻では最も量の多い元素」というところで酸素と特定できるが，答えが塩素だとわかっていればこの内容が塩素に当てはまらないことはすぐにわかるだろう。

成分元素（質量比）で最も多いのは，人体と海水では[Ⓔ　　　]で，宇宙では[Ⓕ　　　]である。2番目に多い成分元素は，地殻では[Ⓖ　　　]，人体では[Ⓗ　　　]である。

3「沸点，融点とも単体ではヘリウムに次いで低い」というところから水素と推測できるが，「無色」「無臭」というところから塩素ではないとわかる。水素は気体の中で最も密度が小さい。

4「三原子分子」ということから塩素 Cl_2 でないことはすぐにわかる。「薄い青色で臭気があり有毒」というところからオゾン O_3 と推測できる。

5「2種類の元素からなる」「肥料，硝酸などの製造原料」というところから，アンモニア NH_3 と推測できる。塩素でないことはすぐにわかるだろう。

硫安と呼ばれる硫酸アンモニウム $(NH_4)_2SO_4$，尿素 $(NH_2)_2CO$ はともにアンモニアを原料として作られる肥料である。アンモニアの工業的製法としてはハーバー・ボッシュ法が有名である。

Point

- ☐ 電気分解では，陽極が Cu や Ag であれば溶け出し，水溶液に塩化物イオン Cl^- があれば塩素が発生。それ以外では通常は酸素が発生。
- ☐ 塩素は黄緑色，オゾンは薄い青色である。
- ☐ 地殻，人体，海水の成分元素で最も多いのはいずれも酸素である。宇宙では水素が最も多い。

Ⓐ:黄緑色, Ⓑ:刺激臭, Ⓒ:有毒, Ⓓ:下方, Ⓔ:酸素, Ⓕ:水素, Ⓖ:ケイ素, Ⓗ:炭素

ボルタ電池

図のような，銅板と亜鉛板を希硫酸に浸した電池がある。この電池に関する記述 A ～ E のうち妥当なものはどれか。

平成12年度
市役所

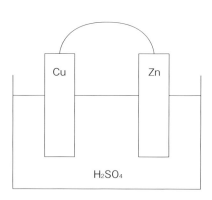

Cu   Zn

H_2SO_4

A ~~両極~~から ~~酸素~~ が発生する。
　　銅板　　　水素

B 硫酸の濃度は次第に減少する。

C ~~銅板に亜鉛が析出~~ する。
　　銅板から水素が発生

D ~~亜鉛板に銅が析出する。~~
　　亜鉛板から亜鉛が溶け出す

E 銅が正極，亜鉛が負極になる。

1 …… A，C

2 …… B，E

3 …… C，D

4 …… A，C，E

5 …… B，C，D

解説　難易度 ★　重要度 ★★

A 問題の電池はボルタ電池である。導線中をどちらの向きに電子が流れるかをイオン化傾向から判断すればよい。

ボルタ電池では，水素よりイオン化傾向の [**Ⓐ**　　　] い亜鉛から電子が分離し Zn^{2+} となって溶け出し，水素イオン H^+ が電子を受け取って水素として発生することがわかればよい。

亜鉛板（負極）：$Zn \longrightarrow Zn^{2+} + 2e^-$
銅板（正極）：$2H^+ + 2e^- \longrightarrow H_2$

B 正しい。亜鉛板の付近では，Zn^{2+} が増えていくから硫酸亜鉛 $ZnSO_4$ の濃度が増大し，硫酸 H_2SO_4 の濃度は減少していく。

C 銅板からは水素が発生することがわかれば，すぐに誤りとわかるだろう。

ボルタ電池では，銅板から発生する水素が銅板の表面に薄い膜となって付着して，$2H^+ + 2e^- \longrightarrow H_2$ の反応を妨げて，さらには水素はイオン化傾向が銅よりも [**Ⓑ**　　　] いので，逆の反応を起こす傾向になるから，ボルタ電池の起電力は最初の約 1.1V から 0.4V くらいにまですぐに低下してしまう。こうした [**Ⓒ**　　　] と呼ばれる現象が起こるが，減極剤を使って水素を [**Ⓓ**　　　] させてイオンに戻すようにしてやると起電力はもとに戻る。

D 水溶液には銅イオンは含まれていないことから誤りとわかる。

E 正しい。負の電荷を持つ電子が亜鉛板から銅板へと導線中を流れる。電流の向きは正の電荷の流れる向きという約束なので，電流は [**Ⓔ**　　　] 板→導線→[**Ⓕ**　　　] 板と流れる。この向きから判断すると銅板が正極になる。

一般に電池ではイオン化傾向の大きい極板が [**Ⓖ**　　　] 極，小さい極板が [**Ⓗ**　　　] 極になる。また，正極では電子を受け取る還元反応が，負極では電子が奪われる酸化反応が起こる。

Point

☐ 電池ではイオン化傾向の大きい極板が負極，小さい極板が正極になる。

☐ 正極では還元反応が，負極では酸化反応が起こる。

☐ イオン化傾向：$Zn > H > Cu$

Ⓐ：大き，Ⓑ：大き，Ⓒ：分極，Ⓓ：酸化，Ⓔ：銅，Ⓕ：亜鉛，Ⓖ：負，Ⓗ：正

化学065 電池

電池に関する記述として最も妥当なのはどれか。

平成29年度
国家専門職

1 イオン化傾向の異なる2種類の金属を電解質水溶液に浸して導線で結ぶと電流が流れる。このように，酸化還元反応に伴って発生する化学エネルギーを電気エネルギーに変換する装置を，電池という。また，酸化反応が起こって電子が流れ出る電極を負極，電子が流れ込んで還元反応が起こる電極を正極という。

2 ~~ダニエル電池~~は，亜鉛板と銅板を希硫酸に浸したものである。負極で亜鉛が溶
ボルタ電池　　　導線でつながれた
けて亜鉛イオンになり，生じた電子が銅板に達すると，溶液中の銅（Ⅱ）イオンが電子を受け取り，正極で銅が析出する。希硫酸の代わりに電解液に水酸化カリウム水溶液を用いたものをアルカリマンガン乾電池といい，広く使用され
➡正極には二酸化マンガンを用いる
ている。

3 鉛蓄電池は，負極に鉛，正極に~~白金~~，電解液に希硫酸を用いた~~一次~~電池である。
二酸化鉛　　　　　　　　　二次
電流を流し続けると，~~分極により電圧が低下してしまうため~~，ある程度放電し
硫酸イオンが水溶液中から減ってしまう
た鉛蓄電池の負極・正極を，外部の直流電源の負極・正極につなぎ，放電時と逆向きに電流を流して充電して使用する。起電力が高いため，自動車のバッテリーとして広く使用されている。

4 リチウムイオン電池は，負極にリチウムを含む黒鉛，正極にコバルト酸リチウム
➡負極にリチウムを含む場合，リチウムイオン電池に含めない場合もある
を用いた電池である。リチウム電池よりも起電力は低いが，小型・軽量化が可能であり，携帯電話やノートパソコン等に用いられている。~~空気中の酸素を触~~
➡触媒は必要としない
~~媒として利用するため~~，購入時に貼られているシールを剥がすと放電が始まる。

5 燃料電池は，水素や天然ガスなどの燃料と酸素を用いるものである。発電のときには，~~二酸化炭素を発生させるため環境への負荷があり~~，また，小型・軽量
➡水素と酸素の反応では，二酸化炭素を出さず，環境への負荷が小さい
化も難しいが，幅広い分野での活用が期待されている。特に負極に酸素，正極に水素，電解液にリン酸水溶液を用いたリン酸型燃料電池の開発が進んでいる。

解 説

難易度 ★★　重要度 ★★

1 正しい。酸化還元反応とは，化学反応の際に原子やイオン，分子などの間で電子のやり取りをする反応のことである。この際，電子を失う反応（[**Ⓐ**　　]）と，電子を受け取る反応（[**Ⓑ**　　]）が同時に起こる。たとえば，金属原子が電子を失って[**Ⓒ**　　]イオンになるのは[**Ⓐ**　　]であり，金属の[**Ⓒ**　　]イオンが電子を受け取って金属原子に戻るのは[**Ⓑ**　　]である。この酸化反応と還元反応を別の場所で起こせば，その間に流れる電子を電流として用いることができる。その際，電子を失う酸化反応が起こる側が，負の電子が出てくるために[**Ⓓ**　　]極であり，もう一方が[**Ⓔ**　　]極である。

2 導線でつないだ亜鉛板と銅板を希硫酸に浸してできるのは[**Ⓕ**　　]電池である。ダニエル電池は，素焼きの容器で電解液を分離し，正極側に硫酸銅水溶液，負極側に硫酸亜鉛水溶液を用いる。

3 鉛蓄電池のように，電池を再利用できる（充電すれば再度利用できる）電池を[**Ⓖ**　　]という。また，分極によって電圧が低下するのはボルタ電池である。

4 リチウムイオン電池は，電子の流れではなく，リチウムイオンの移動によって充電と放電ができる二次電池であり，触媒は不要である。

5 [**Ⓗ**　　]と酸素の化合では，二酸化炭素を出さないため，環境への負荷が小さく，燃料の追加により再利用も可能なため，将来の幅広い分野での実用化が期待されている。

🔑 Point

☐ 電池では，酸化還元反応が起こっており，電子を失う酸化反応（電子を放出して負極となる）と，電子を受け取る還元反応（正極）を別の場所で行うことで実現する。

☐ 再利用できない電池を一次電池，充電によって再利用できるものを二次電池という。また，燃料の追加によって再利用できる電池を燃料電池という。

Ⓐ：酸化反応，**Ⓑ**：還元反応，**Ⓒ**：陽，**Ⓓ**：負，**Ⓔ**：正，**Ⓕ**：ボルタ，**Ⓖ**：二次電池，**Ⓗ**：水素

化学066

混合物の分離

**混合物の分離に関する記述として,
最も妥当なのはどれか。**

平成30年度
消防官

1 海水を熱して沸騰させ, 生じた蒸気を冷却することによって, 純粋な水を得る
ことができる。この操作を ~~抽出~~ という。
蒸留

2 少量の硫酸銅が含まれている硝酸カリウムを, 熱水に溶かし冷却すると硝酸カ
リウムのみが結晶として析出する。この操作を ~~昇華法~~ という。
再結晶

3 ヨウ素を溶かしたヨウ化カリウム水溶液にヘキサンを加えてよく振ると, 水よ
りヘキサンに溶けやすいヨウ素がヘキサンに溶け, ヨウ化カリウムが水溶液中
に残る。この操作を ~~蒸留~~ という。
抽出

4 ヨウ素を含む混合物を加熱すると, ヨウ素は固体から直接気体となり, その気
体を冷却することで, ヨウ素の結晶を取り出すことができる。この操作を ~~再結
品~~ という。
昇華法

5 沸点の違いを利用することにより, 原油からガソリン, 灯油, 軽油などを分離
したり, 液体空気から窒素や酸素を分離したりすることができる。この操作を
分留という。

解 説

難易度 ★ ☆ ☆　重要度 ★★★

1 溶液に溶けているものを除くには，溶液を熱して蒸気だけを集め，冷やせばよい。この操作を【**Ⓐ**　　　】という。これは溶液に溶けている固体と液体の混合物を分離する方法であるが，溶けていない固体と液体の混合物を分離する場合は，ろかという方法で分離する。

2 一般に，熱水より冷水のほうが溶ける物質の量が【**Ⓑ**　　　】。この温度変化による溶解度の違いを利用するのが【**Ⓒ**　　　】である。この選択肢では，少量の硫酸銅は水に溶けたままで析出しない。

3 水と有機溶媒を混ぜた溶媒に物質を溶かし，水に溶けないが有機溶媒に溶ける物質と，有機溶媒に【**Ⓓ**　　　】が水に【**Ⓔ**　　　】物質に分離する操作が【**Ⓕ**　　　】である。

4 昇華法は，ヨウ素のように、液体にならずに固体から気体へ【**Ⓖ**　　　】する物質においてのみ用いる。

5 正しい。分留は，水とアルコールの分離などにも用いられる。蒸留と手順が似ているが，「2種類以上の液体の混合物を，沸点の違いで分離する」ものを分留として見分ける。ただし，沸点より温度が低くても気体になることがあるので，完全に分離できるとは限らない。

🔑**Point**

□ 混合物から物質を分離するには，蒸留，再結晶，抽出，昇華法，分留などが存在する。このほか，ろ過や，クロマトグラフィを利用した方法などもある。

□ 分離したい混合物の性質により，用いられる方法が異なるため，それぞれの分離方法を理解しておく。

Ⓐ：蒸留，**Ⓑ**：少ない，**Ⓒ**：再結晶，**Ⓓ**：溶けない，**Ⓔ**：溶けやすい，**Ⓕ**：抽出，**Ⓖ**：昇華

結合エネルギーと反応熱

水素，酸素，炭素などの化学反応や結合エネルギーに関する熱化学方程式が次のとおりであるとき，これらからいえることとして最も妥当なのはどれか。
ただし，25℃，1atm とする。

平成17年度
国家Ⅱ種

① $H_2(気) + \frac{1}{2}O_2(気) = H_2O(液) + 286kJ$

② $C(固) + O_2(気) = CO_2(気) + 394kJ$

③ $C(固) + 2H_2(気) = CH_4(気) + 74kJ$

④ $H_2(気) = 2H - 436kJ$

⑤ $O_2(気) = 2O - 498kJ$

1 一酸化炭素 1mol に酸素を触れさせると，~~吸熱~~反応が起こって二酸化炭素が得
　　➡判断できない
られ，その反応熱は~~約197kJ~~ である。
　　　　➡計算できない

2 メタンは炭素原子と水素原子が~~水素結合~~をしているため，融点・沸点が~~高く~~，
　　　　　　　　　　　　　　共有結合　　　　　　　　　　　　　特に高いことはない
その~~水素結合~~エネルギーは~~約236kJ/mol~~ である。
　　　➡水素結合はない

3 水分子内では水素原子と酸素原子が~~イオン結合~~しており，その~~イオン結合エネ~~
　　　　　　　　　　　　　　　　　　共有結合　　　　　　　　　共有結合エネルギー
~~ルギー~~は~~約685kJ/mol~~ である。
　　➡計算できない

④ メタン 1mol を完全燃焼させて二酸化炭素と液体の水を得るとき，その反応熱は約892kJ である。

5 オゾンは二つの酸素原子が~~三重結合している~~ため，二重結合からなる酸素分子
　　　　　　　　　　　　　　　　　　していない
の~~約1.5倍~~の結合エネルギーを持つ。
　➡計算できない

難易度 ★★　　重要度 ★★

1 ①～⑤の中に一酸化炭素 CO を含む式がないので計算できないことから誤りと推測がつく。実際は,

$$CO(気) + \frac{1}{2}O_2(気) = CO_2(気) + 283kJ$$

から, 吸熱反応ではなく発熱反応である。

2 水素結合が分子間に働くことを知っていれば, 誤りとわかるだろう。

メタン CH_4 のように非金属元素どうしの原子が分子を作るときは, 通常【**A**　　　　　】結合である。【**B**　　　　　】結合は水やアンモニアなどの特定の分子の間に働く力である。【**B**　　　　　】結合をする物質は,【**C**　　　　　】点が異常に高くなる傾向がある。

3 水分子どうしは水素結合をするが, 水分子内の H と O は**2**と同様に共有結合であるから誤りと判断できる。

この共有結合 O－H の結合エネルギー Q を計算するには,

$$H_2O(気) = 2H + O - 2Q$$

という気体状態の水を含む式を使うことになるが, ①～⑤には H_2O（気）を含む式がないことから計算できない。

4 正しい。①, ②, ③はそれぞれ H_2O（液）, CO_2（気）, CH_4（気）の生成熱が 286kJ/mol, 394kJ/mol, 74kJ/mol であることを示しているので,

$$CH_4(気) + 2O_2(気) = CO_2(気) + 2H_2O(液) + Q\cdots ⓐ$$

というメタンの【**D**　　　　　】熱 Q を表す式を作り

Q＝（生成物の生成熱の和）－（反応物の生成熱の和）

　＝CO_2（気）の生成熱 ＋2×H_2O（液）の生成熱

　　－CH_4（気）の生成熱 －O_2（気）の生成熱

　＝$394 + 2 \times 286 - 74 - 0 = 892$ kJ/mol

と計算できる。ここで単体の O_2（気）の【**E**　　　　　】熱は 0 である。また, ⓐ式がでるように, $2 \times ① + ② - ③$ としても Q が計算できる。

5 オゾン O_3 を含む式が①～⑤にないことから誤りと推測できる。

🔑Point

□ 水やメタンの分子を作る原子どうしは共有結合である。

□ 水やアンモニアなどの分子どうしは, 通常の分子間の力のほかに水素結合があり, 融点・沸点が異常に高い。

□ 反応熱 ＝ 生成物の生成熱の和 － 反応物の生成熱の和

A：共有, **B**：水素, **C**：沸（融）, **D**：燃焼, **E**：生成

酸化と還元

物質の酸化と還元に関する次のA～Dの記述のうち，妥当なもののみをすべて挙げているものはどれか。

令和3年度
裁判所

A メタンが燃焼すると，二酸化炭素と水が生じるが，このとき酸素は還元された といえる。

B 金属のイオン化傾向とは，金属が水溶液中で電子を失って陽イオンになろうと することをさし，イオン化傾向が大きな金属は酸化されやすい。

C 酸素や水素の授受を伴わない反応は，酸化も還元もしていないといえる。
　　　　　　　　　　　　　　　　　➔電子の授受によって判断する

D 相手の物質を酸化することができる物質を酸化剤といい，酸化させた後の物質 自身の酸化数は大きくなる。
　　　　　　小さく

1 ⋯⋯ A，B
2 ⋯⋯ A，C
3 ⋯⋯ A，D
4 ⋯⋯ B，C
5 ⋯⋯ C，D

解説　難易度 ★★　重要度 ★★★

A 正しい。メタンの燃焼は，$CH_4 + 2O_2 \rightarrow CO_2 + 2H_2O$ と表せ，O_2 が水素原子を得ているので，還元されている。酸化還元反応の関係は下表のとおり。

	電子	酸素原子	水素原子	酸化数
酸化	失う	得る	失う	増加
還元	得る	失う	得る	減少

B 正しい。金属の単体が水中で電子を放出し，陽イオンになる性質を【❹　　】という。また，【❹　　】の大きい金属から小さい金属へ順に並べたものを金属の【❺　　】という。代表的なものとその特徴は以下のとおりである。

	K	Ca	Na	Mg	AL	Zn	Fe	Ni	Sn	Pb	(H₂)	Cu	Hg	AG	Pt	Au
水との反応	← 冷水と反応 →															
	← 沸騰水と反応 →															
	← 高温水蒸気と反応 →															
酸との反応	← 希酸（塩酸・希硫酸）→															
	← 熱濃硫酸・濃硝酸・希硝酸 →															
	← 王水 →															
空気との反応	← すみやかに酸化 →															
	← ゆっくり酸化 →															

C 酸化還元の定義は**A**の表のようにまとめることができる。酸素や水素を伴わない酸化還元反応もあるので，物質の酸化数の増減で考えることが多い。

D 酸化剤とは，反応相手を酸化する物質のことで，自身は【❸　　】される。還元剤とは，反応相手を還元する物質のことで，自身は【❹　　】される。**A**の表から，自身が還元される酸化剤では酸化数は減少するはずである。

🔑 **Point**

- ☐ 酸化還元の定義は電子の授受によって判断する。
- ☐ 不動態とは，金属表面に酸化被膜を形成し，それ以上溶けなくなる状態のことをいう。

❹：イオン化傾向，❺：イオン化列，❸：還元，❹：酸化

化学069 酸と塩基

酸と塩基に関する記述として最も妥当なのはどれか。

（令和3年度 国家一般職）

1 酸は，水溶液中で水素イオン H^+ を ~~受け取る物質~~ であり，~~赤色リトマス紙を青色~~
（生じる）（青色リトマス紙を赤色）
に変える性質を持つ。一方で，塩基は，水溶液中で水酸化物イオン OH^- を
~~受け取る物質~~ であり，~~青色リトマス紙を赤色~~ に変える性質を持つ。
（生じる）（赤色リトマス紙を青色）

2 通常の雨水は，大気中の二酸化炭素が溶け込んでいるため，弱い酸性を示すが，
化石燃料の燃焼や火山の噴火等によって，大気中に硫黄や窒素の酸化物が放出
されると，雨水の酸性度が強まり，酸性雨となる。酸性雨は，コンクリートを
腐食させるといった被害をもたらす。

3 水溶液のpHによって色が変色する試薬をpH指示薬という。pHが大きくなる
につれて，メチルオレンジは赤色から ~~紫色~~ に変化し，フェノールフタレインは
（黄色）
無色から ~~黒色~~ に変化する。強酸や強塩基は金属と反応するため，pHメーター
（赤紫色）
は使用できず，pH試験紙によってpHを推定する。

4 水溶液の正確な濃度を測る方法の一つに中和滴定がある。市販の食酢の濃度を
求める場合は，濃度未知の食酢と ~~同量~~ のpH指示薬を添加し，濃度既知の ~~シュ~~
（数滴）（水酸化ナトリウム水溶液など）
~~ウ酸~~ を滴下する。酸・塩基の強さによって，中和点がpH 7からずれるため，
変色域を考慮してpH指示薬を選択する必要がある。

5 ~~水溶液中の電離した酸・塩基~~ に対する，~~溶解した酸・塩基~~ の比率を表したもの
（水溶液中に溶解した）（電離）
を電離度という。電離度は温度や濃度によらず ~~一定~~ であり，強酸・強塩基より
（➡一定ではない）
も弱酸・弱塩基のほうが電解度が ~~高い~~ 。また，電解度が高いほど電気を通しや
（低い）
すく，金属と ~~反応しづらい~~ という性質を持つ。
（反応しやすい）

1 酸塩基の定義について，アレニウスの定義では，酸は水に溶けると【Ⓐ　　】イオンを生じる物質であり，塩基は水に溶けると【Ⓑ　　】イオンを生じる物質であるとされている。しかし，アレニウスの定義は水溶液中に限定される。ブレンステッドローリーの定義では，酸は【Ⓒ　　】イオンを与える物質であり，塩基は【Ⓒ　　】イオンを受け取る物質とされている。

2 正しい。通常の雨水は空気中の二酸化炭素が溶け込んでいるため【Ⓓ　　】性である。しかし，化石燃料の使用量増加などにより，硫黄酸化物（SO_X）や窒素酸化物（NO_X）などが雨水に溶け込み酸性度が強くなったものを酸性雨と呼ぶ。

3 中和滴定にも主に使用される指示薬であるメチルオレンジとフェノールフタレインの変色域は以下のとおりである。

	変色域 pH
メチルオレンジ	赤←――3.1〜4.4――→黄
フェノールフタレイン	無←――8.3〜10.0――→赤紫

4 食酢は酸，シュウ酸も酸であるため問題文の組合せでは中和滴定を行うことができない。

5 電離度とは電離した酸の物質量（塩基）÷溶解した酸の物質量（塩基）で求めることができる。特に強酸・強塩基は電離度がほぼ1であるが，弱酸・弱塩基では1より非常に小さい数値となる。代表的な強酸には，硫酸H_2SO_4，硝酸HNO_3，塩酸HCl，臭化水素HBr，ヨウ化水素HIなどがある。代表的な強塩基には，水酸化カリウムKOH，水酸化ナトリウム$NaOH$，水酸化バリウム$Ba(OH)_2$，水酸化カルシウム$Ca(OH)_2$などがある。電離度が高いほうが水溶液中の水素イオンが多いため，金属などと反応して水素を発生させやすい傾向がある。

🔑 Point

- ☐ 酸性雨の原因となる窒素酸化物をノックス，硫黄酸化物をソックスという。
- ☐ 強酸と弱塩基で中和滴定を行う場合，メチルオレンジで測定する。
- ☐ 弱酸と強塩基で中和滴定を行う場合，フェノールフタレインで測定する。

Ⓐ：水素，Ⓑ：水酸化物，Ⓒ：水素，Ⓓ：弱酸

ハロゲンの特徴

ハロゲンに関する記述として，最も
妥当なのはどれか。

平成27年度
消防官

1 元素の周期表で ~~15 族~~ の元素をハロゲンという。
17 族

2 価電子を ~~6 個~~ 持ち，~~電子 2 個~~ を取り入れて ~~2 価~~ の陰イオンになりやすい。
7 個　　　　　　1 個　　　　　　　1 価

3 ハロゲン単体は，すべて二原子分子からなる。

4 フッ素は，水と激しく反応し，~~水素~~を発生する。
酸素

5 塩素は，常温では ~~無色透明~~ な気体で，水とは ~~完全~~ に反応し HCl となる。
黄緑色の　　　　　　　　　一部が　　　　 と HOCl

消防官

解 説

×月○日

難易度 ★★　重要度 ★★

1 周期表でのハロゲンの位置は，18族である希ガスの左隣りの17族である。ハロゲンは，原子番号の小さい方からフッ素，塩素，[**Ⓐ**　　　]，ヨウ素，アスタチンである。

2 ハロゲンは17族で，安定な希ガスに比べて最外殻電子の数が1個足りないので，電子を1個取り込んで陰イオンになる傾向があり，陰性が強い。すべての元素の中で[**Ⓑ**　　　]度が最も大きいのはフッ素である。

3 正しい。室温で固体のヨウ素は，二原子分子どうしが分子間力で結合した分子結晶を形成している。ヨウ素には，液体を経ずに固体・気体間で変化をする[**Ⓒ**　　　]性がある。

4 ハロゲンの単体と水との反応は，原子番号が[**Ⓓ**　　　]ほど強くなる。ハロゲンの中で最も小さい原子番号のフッ素は，水と激しく反応して次のようにフッ化水素と酸素を発生する。

$$2F_2 + 2H_2O \longrightarrow 4HF + O_2$$

5 ハロゲンの中で2番目に原子番号が小さい塩素は，フッ素と違って水との反応は激しくはなく，水に少し溶けて

$$Cl_2 + H_2O \rightleftharpoons HCl + HOCl$$

と反応する。塩素の水溶液（塩素水）は消毒などに用いられる。

🔑 **Point**

☐ ハロゲンの単体は，有色・有毒で刺激臭があり，原子番号が大きいほど融点・沸点が高い。

☐ フッ化水素の水溶液であるフッ化水素酸はガラスを溶かすので，ガラス瓶ではなくポリエチレン容器に保存する。

Ⓐ：臭素，Ⓑ：電気陰性，Ⓒ：昇華，Ⓓ：小さい

身近な物質に含まれる元素

私たちの生活で身近に見られる物に含まれて
いる元素に関する次の記述のうち,
その元素記号と説明文の組合せが
最も妥当なのはどれか。

平成19年度
国家Ⅰ種

1 H：気球や飛行船に利用されており，無色無臭で2番目に軽い気体として存在
He
する。大気中の含有量が極めて少なく，天然ガスから分離して得られる。容易
に液化せず，また化学的に安定であるといった性質を利用して，この気体中で
極低温実験が行われている。

2 Al：電気材料および窓枠などの建築材料として使用されており，単体として産
出することはないが，酸化物として鉱物や土壌中に広く存在する。この単体と
銅などの合金をジュラルミンといい，軽量で機械的にも強いので，航空機の機
体などに利用される。

3 Θ：アンモニアの合成原料として用いられたり，燃料電池に利用されている。
H
宇宙で最も存在する割合が大きい元素であり，無色無臭の気体として存在する。
地球上では化合物として大量に存在している。

4 N：沸点が元素の中で~~最も低く~~−196℃で液化するため，冷却材として用いられ
➡窒素より低い元素がある
ている。空気の体積の約~~90~~％を占めており，動植物の中にもタンパク質など
78
の化合物として存在し，生命活動に欠かせない元素の一つである。工業的には
液体空気の分留で得られる。

5 Fe：熱や電気をよく伝え，また展性や延性に富んでいるため，鍋や電線に用い
Cu
いられている。また亜鉛やニッケルとの合金は，装飾品や食器によく用いられ
ている。室温では酸化されにくいが，湿った空気中では徐々に酸化されて青さ
びを生じる。

解説

難易度 ★★　　重要度 ★★★

1 元素記号は水素になっているが,「2番目に軽い」とか「化学的に安定」という記述が水素に当てはまらないと気づくだろう。

　　ヘリウム He は 18 族の [**A**　　　　] ガス元素に属し,水素と違って [**B**　　　] 性で安全なので,飛行船のガスに利用されている。また,ヘリウムは元素の中で最も沸点が低く（−269℃）,常圧では絶対零度（−273℃）でも固体にならない。

2 正しい。アルミニウムは,地殻中の成分元素としては [**C**　　　　],[**D**　　　] に次いで多い（質量比）。天然には酸化物として存在していて,単体を得るには [**E**　　　　　] によるため多量の電力が必要となる。そのため,アルミニウムは "電気の缶詰" と呼ばれたりする。また,アルミニウムは電気をよく伝え,展性や延性に富む。

3 元素記号は酸素になっているが,「アンモニアの合成原料として用いられ」や「宇宙で最も存在する割合が大きい」というところから誤りとわかる。

　　アンモニアの工業的製法として有名なのは,[**F**　　　　] 法で,
$$N_2 + 3H_2 \longrightarrow 2NH_3$$
の反応を利用する。この製法のアンモニアの原料は,窒素と水素である。また,宇宙で最も多い元素は,最も単純な元素である水素であり,次いでヘリウムとなっている。地殻中の成分元素で最も多いのは [**C**　　　] である。

4 窒素の沸点が低いのはわかると思うが,「元素の中で最も低く」というところはひっかかるであろう。また,空気の約8割（体積比）は窒素と覚えておこう。空気の残りのほとんどは [**C**　　　　] である。

5 元素記号は鉄となっているが,「青さびを生じる」というところから誤りとわかるだろう。

　　銅の青さびは緑青（ろくしょう）と呼ばれる,空気中の水や二酸化炭素,酸素との化合物である。

Point

- [ ] ヘリウムは,2番目に軽い気体で不燃性のため飛行船などのガスとして利用される。沸点は元素の中で最も低い。

- [ ] アルミニウムは,酸化物を融解塩電解によって単体を得る。合金のジュラルミンは軽量で強いので,航空機や建築材料として使われる。

- [ ] 水素は宇宙で最も多い元素であり,酸素は地殻中で最も多い元素である。

A：希,**B**：不燃,**C**：酸素,**D**：ケイ素,**E**：電気分解（融解塩電解）,**F**：ハーバー・ボッシュ

化学072

典型元素のイオン

イオンに関する記述として最も妥当なのはどれか。

平成20年度
国税専門官

1 ナトリウム原子（Na）から価電子1個が放出されると，1価の陽イオンである
ナトリウムイオンになる。ナトリウムのイオン化エネルギーは，フッ素のイオ
ン化エネルギーよりも ~~大きく~~，マグネシウムのイオン化エネルギーよりも小さ
　　　　　　　　　　　 小さく
い。

2 塩素原子（Cl）は，電子1個を受け取って，1価の陰イオンである塩化物イオ
　　　　　　　　　　　　　　　　　　　　　　　　　　　　　　　　　　€Cl⁻
ンになる。この塩化物イオンは，1価の陽イオンであるアンモニウムイオンと
　　　　　　　　　　　　　　　　　　　　　　　　　　€NH₄⁺
反応して塩化アンモニウムになる。

3 カルシウム原子（Ca）から価電子2個が放出されると，2価の陽イオンである
カルシウムイオンになる。カルシウムは金属の中で ~~最もイオン化傾向が小さく~~，
　　　　　　　　　　　　　　　　　　　　　　　 イオン化傾向は大きいほうであり
常温の水と反応 ~~しない~~ が，高温水蒸気と反応して水素と ~~酸化カルシウム~~ を発生
　　　　　　　する　　　　　　　　　　　　　　　　　　　　　 水酸化カルシウム
する。

4 酸素原子（O）から ~~価電子2個が放出される~~ と，2価の ~~陽イオン~~ である酸化物
　　　　　　　　　　　 電子2個を受け取る　　　　　　 陰イオン
イオンになる。~~酸素~~ は，銅と反応する際に，電子を与えて ~~酸化物イオン~~ となり，
　　　　　　　 水素　　　　　　　　　　　　　　　　　　 水素イオン
銅を還元する還元剤として働く。

5 アルミニウム原子（Al）は，~~電子3個を受け取って~~，3価の ~~陰イオン~~ であるア
　　　　　　　　　　　　　　 価電子3個を放出して　　　　 陽イオン
ルミニウムイオンになる。このアルミニウムイオンを含む水溶液に水酸化ナト
リウムを加えると，両性水酸化物である ~~ミョウバンの白色結晶が生成される~~。
　　　　　　　　　　　　　　　　　　 水酸化アルミニウムの白色沈殿が生じる

難易度 ★☆☆　**重要度** ★★★

1 イオン化エネルギーの定義を知らないと判断が難しいだろう。

　イオン化エネルギーは，原子が電子を1個放出して1価の陽イオンになるのに必要なエネルギーのことである。したがって，イオン化エネルギーは，陽イオンになりやすい原子では【**Ⓐ**　　　　　】，陰イオンになりやすい原子では【**Ⓑ**　　　　　】。ただし，同一周期で最もイオン化エネルギーが大きいのは，安定して化学反応を起こしにくい希ガスである。イオン化エネルギーの大きさは，Na＜Mg＜Fである。

2 正しい。イオン性の物質は非金属元素と金属元素の組合せからなることが多いが，塩化アンモニウム NH_4Cl は，非金属元素しか含まれていないのにイオン性の物質となっている。

3 「最もイオン化傾向が小さく」というところから誤りとわかる。第2族元素のうち，【**Ⓒ**　　　　　】金属と呼ばれる Ca, Sr, Ba, Ra や，イオン化傾向の大きい K, Na は，常温の水と反応して，酸化物ではなく【**Ⓓ**　　　　】化物と水素を生じる。

4 酸素のイオンが O^{2-} であることから，「陽イオン」が誤りになることはすぐにわかるだろう。酸素と結合することが，酸化の一つの定義であるから，「銅を還元する還元剤」というところも誤りだと推測されるだろう。銅と酸素の反応

　$2Cu + O_2 \longrightarrow 2CuO$

では，酸素は電子を受け取って O^{2-} になり銅を【**Ⓔ**　　　　　】し，自身は【**Ⓕ**　　　　　】される。よって，酸素は【**Ⓖ**　　　　　】剤として働いている。

5 アルミニウムイオンが Al^{3+} という陽イオンであることを知っていれば，容易に「陰イオン」が誤りとわかるだろう。

🔑Point

- ☐ イオン化エネルギーとは，原子から1個の電子を奪って陽イオンにするのに必要なエネルギーのことである。
- ☐ イオン化エネルギーは，陽イオンでは小さく，希ガス，陰イオンでは大きい。
- ☐ イオン化傾向の大きい K, Ca, Na などは，水と反応して水素と水酸化物を生じる。

Ⓐ：小さく, Ⓑ：大きい, Ⓒ：アルカリ土類, Ⓓ：水酸, Ⓔ：酸化, Ⓕ：還元, Ⓖ：酸化

非金属元素

非金属元素の単体と化合物に関する記述として，最も妥当なのはどれか。

令和3年度
消防官

1 アルゴンは空気の約1％の体積を占め，電球の封入ガスに利用される希（貴）ガスである。

2 ヨウ素は黒紫色の固体であり，ハロゲンの中で最も酸化力が強い。
　　　　　　　　　　　　　　　　　　○最も強いのはフッ素である

3 オゾンは酸素と同様に無色無臭で，酸素に強い紫外線を当てると生じる。
　　　　　淡青色で刺激臭があり

4 塩化アンモニウムと水酸化カルシウムを加熱してアンモニアを得る製法では，乾燥剤として塩化カルシウムを用いる。
　　　　　　　　○塩化カルシウムはアンモニアを吸着してしまうため適さない

5 二酸化炭素はギ酸を濃硫酸とともに加熱し，脱水すると得られる。
　一酸化炭素

消防官

解説

難易度 ★ 重要度 ★★★

1 正しい。アルゴンは【Ⓐ　　　】色無臭希（貴）ガスの一種で極めて安定で化学反応を起こしにくい。地球大気中には窒素・酸素に次いで3番目に多く，0.93%の割合で含まれている。蛍光灯や電球など封入ガスなどに主に利用されている。

2 ヨウ素はハロゲンの一種で黒紫色の固体である。酸化力が強い順ではフッ素＞塩素＞臭素＞ヨウ素である。ヨウ素は水には溶けないが，ヨウ化カリウム水溶液には溶けて，【Ⓑ　　　】色になる。

3 オゾンは【Ⓒ　　　】色の気体で特有の臭いを持ち，非常に不安定で強い酸化作用がある。製法は，酸素に【Ⓓ　　　】を照射するか，酸素中で無声放電（火花を飛ばさない放電）を行う。

4 気体に使用する主な乾燥剤は下の表のようにまとめられる。

	主な乾燥剤	乾燥できない気体
酸性の乾燥剤	十酸化四リン（P_4O_{10}）	塩基性の気体
	濃硫酸（H_2SO_4）	塩基性または還元力のある気体
中性の乾燥剤	塩化カルシウム（$CaCl_2$）	アンモニア
塩基性の乾燥剤	酸化カルシウム（CaO）	酸性の気体
	ソーダ石灰（NaOH＋CaO）	

5 濃硫酸は不揮発性の重い液体である。（約98%，約1.8g/cm³）希硫酸と異なり，ほとんど電離していないので，亜鉛などを溶解しにくい。また，吸湿性が強く，乾燥剤として用いられるが，強力な脱水作用を持ち，有機物などから水分子を奪う。熱濃硫酸は強い酸化作用を持ち，CuやAgなどを溶解し，SO_2を発生させる。

Point

- [ ] 塩化カルシウムは乾燥剤として幅広く利用されているが，アンモニアには使用できない。

- [ ] 空気中の体積割合は多い順に，窒素：約78%，酸素：21%，アルゴン：0.93%，二酸化炭素：0.03%である。

- [ ] ハロゲンの色はそれぞれフッ素：淡黄色(無色)，塩素：黄緑色，臭素：赤褐色，ヨウ素：黒紫色である。

Ⓐ：無，Ⓑ：褐，Ⓒ：淡青，Ⓓ：紫外線

周期表と元素の性質

元素の周期表に関する記述として最も妥当なのはどれか。

平成21年度
国家Ⅱ種

1 周期表は，元素をその原子核中に存在する~~中性子数~~の少ないものから順に並べ
  　　　　　　　　　　　　　　　　　　　陽子数
たもので，周期表の横の行は周期と呼ばれる。

2 周期表の１族に属する元素は，~~いずれも金属元素である。~~その原子は，いずれ
  　　　　　　　　　　　　　水素だけは非金属元素，その他は
も１個の価電子を持ち，~~電子１個を取り入れて１価の陰イオンになりやすい。~~
  　　　　　　　　　　電子１個を放出して１価の陽イオンになりやすい

3 周期表の２族に属する元素は~~遷移元素と呼ばれる非金属元素~~で，それらの元素
  　　　　　　　　　　　　　　典型元素に属する金属元素
の単体の沸点や融点は互いに大きく異なり，~~常温で気体のものと固体のものが~~
  　　　　　　　　　　　　　　　　　　　　　　　常温ではすべて固体で
ある。

4 周期表の17族に属する元素はハロゲンと呼ばれる非金属元素で，単体はいず
れも~~単原子分子~~の気体で~~陽イオン~~になりやすいという性質を持ち，原子番号の
  　　二原子分子　　　　　　陰イオン
~~大きい~~ものほど~~陽イオン~~になりやすい。
  小さい　　　　陰イオン

⑤ 周期表の18族に属する元素は希ガスと呼ばれる非金属元素で，いずれも常温
では無色・無臭の気体である。<u>他の原子と結合しにくく化合物をつくりにくい。</u>
そこで，希ガス原子の価電子の数は０とされている。

解説

難易度 ★　重要度 ★★

1 周期表は原子番号の順に並べられたものであるから,「中性子数の少ないものから順に」が誤り。原子番号とは,原子核中の陽子数のことである。原子番号は,原子核の外側に存在する【**Ⓐ**　　　】の数にも等しい。同じ原子番号でも,中性子数が異なっているものは,互いに【**Ⓑ**　　　】と呼ばれ,これらの存在比を考慮した相対質量の平均値が元素の【**Ⓒ**　　　】である。また,陽子数と中性子数の和を【**Ⓓ**　　　】という。

族\周期	1	2	3	4	5	6	7	8	9	10	11	12	13	14	15	16	17	18
1	H アルカリ金属				11 Na 元素記号 原子番号			金属元素　□		非金属元素　□			ハロゲン					希ガス　He
2	Li	Be											B	C	N	O	F	Ne
3	Na	Mg アルカリ土類金属											Al	Si	P	S	Cl	Ar
4	K	Ca	Sc	Ti	V	Cr	Mn	Fe	Co	Ni	Cu	Zn	Ga	Ge	As	Se	Br	Kr
5	Rb	Sr	Y	Zr	Nb	Mo	Tc	Ru	Rh	Pd	Ag	Cd	In	Sn	Sb	Te	I	Xe
6	Cs	Ba	ランタ ノイド	Hf	Ta	W	Re	Os	Ir	Pt	Au	Hg	Tl	Pb	Bi	Po	At	Rn
7	Fr	Ra	アクチ ノイド	Rf	Db	Sg	Bh	Hs	Mt	Ds	Rg							

典型元素　　　　　遷移元素　　　　　　　　典型元素

2 1族の中で,第1周期の水素だけは気体であることから,「いずれも金属元素」が誤り。また,水素イオンが陰イオンではなく,陽イオン H^+ であることから,「陰イオンになりやすい」が誤り。水素以外の1族元素は【**Ⓔ**　　　】金属と呼ばれ,1価の陽イオンになりやすく,反応性が高い軽金属である。

3 遷移元素はすべて金属元素であるから誤り。**1**の周期表に示したように,水素を除く非金属元素は周期表の右上に分布する。

4 水素や酸素など,主な気体の分子は2個以上の原子からできているので,「単原子分子」というところが誤りとわかる。単原子分子というのは,【**Ⓕ**　　　】ガスの特徴である。

5 正しい。周期表の最も右側にある18族の原子は,イオンになりにくく,反応性が低い。

Point

☐ 価電子は,原子の最外殻にある1～7個までの電子で,原子の化学的性質に大きく関与している。

☐ 18族の希ガスは,電子配置が安定しているため反応性に乏しく,価電子数は0個とされ,単原子分子として存在する。

Ⓐ:電子, Ⓑ:同位体, Ⓒ:原子量, Ⓓ:質量数, Ⓔ:アルカリ, Ⓕ:希

アンモニアと硝酸

アンモニアまたは硝酸に関する記述として、妥当なのはどれか。

平成14年度
地方上級

1 アンモニアは、窒素と ~~酸素~~ 水素 を原料として、鉄を主成分とする触媒を用いて、高温、高圧のもとで工業的に合成され、この製法は ~~オストワルト法~~ ハーバー・ボッシュ法 と呼ばれる。

2 アンモニアは、空気に比べ ~~重く~~ 軽く、水に ~~溶けにくい~~ 溶けやすい 気体で、尿素、硫安などの窒素肥料の原料に用いられ、合成樹脂・合成ゴムおよびナイロン繊維などの合成繊維の原料に利用される。

3 硝酸は、~~硫黄~~ アンモニア を空気と混ぜて、触媒として白金網を用いて加熱し、水と反応させることによって工業的に合成され、この製法は ~~ハーバー・ボッシュ法~~ オストワルト法 と呼ばれる。

4 硝酸は、強い酸で酸化力があり、銅や銀を溶かし、染料およびトリニトロトルエンやニトログリセリンなどの火薬の合成に利用される。

5 ~~濃硝酸~~ 希硝酸 は、鉄と激しく反応するが、~~希硝酸~~ 濃硝酸 では鉄が不動態となり反応しないため、希硝酸の運搬には鉄製のタンクが用いられる。

解説

難易度 ★★☆　重要度 ★★★

1 アンモニアは分子式 NH_3 のように窒素と水素からなるので，酸素を原料にするのはおかしいと気づくだろう。

アンモニアの工業的製法であるハーバー・ボッシュ法は，次の反応でアンモニアを合成する。

$$N_2 + 3H_2 \;\rightleftarrows\; 2NH_3$$

2 アンモニア NH_3 の分子量は，$1 \times 14.0 + 3 \times 1.0 = 17.0$ であり空気（平均分子量 28.8）より軽いことから，「空気に比べ重い」が誤りと判断できる。また，アンモニアが水に溶けやすい気体の典型例であることから，「水に溶けにくい」が誤りとわかる。

アンモニアは，空気より軽く，水に溶けやすいことから，捕集方法は【**A**　　　　】置換を使う。

3 硝酸 HNO_3 に硫黄 S が入っていないことから，「硫黄を空気と混ぜて」がおかしいと気づくだろう。硝酸の工業的製法であるオストワルト法では，アンモニアと空気を混ぜて，白金を触媒として加熱して

$$4NH_3 + 5O_2 \longrightarrow 4NO + 6H_2O$$

と NH_3 を【**B**　　　　】して NO にする。空気中で

$$2NO + O_2 \longrightarrow 2NO_2$$

と無色の気体 NO が【**B**　　　　】されて，【**C**　　　　】色の気体 NO_2 になるので，水と反応させて，最終的に硝酸を生成する。

$$3NO_2 + H_2O \longrightarrow 2HNO_3 + NO$$

4 正しい。硝酸には強い酸化作用があるので，水素よりもイオン化傾向の小さい銅，水銀，銀を溶かすことができる。また，硫酸を加熱した熱濃硫酸も強い酸化力を持つので，銅，水銀，銀を溶かすことができる。

5 濃硝酸のほうが強い酸化力があるので，表面に緻密な酸化皮膜を作り，不動態を形成してしまうと覚えておこう。

鉄，【**D**　　　　】，ニッケル，クロム，コバルトは，希硝酸には溶けるが，濃硝酸には不動態を作って溶けない。

Point

☐ アンモニアは，空気より軽く，水に溶けやすいため，上方置換で捕集する。

☐ 硝酸の工業的製法は，オストワルト法である。

☐ 硝酸は，銅，水銀，銀も溶かすことができる。

☐ 鉄やアルミニウムは，希硝酸には溶けるが，濃硝酸には不動態を作って溶けなくなる。

A：上方，**B**：酸化，**C**：赤褐，**D**：アルミニウム

化学076

酸素と過酸化水素

**酸素および過酸化水素に関する記述
A，B，C のうち，妥当なもののみを
すべて挙げているのはどれか。**

平成22年度
国家Ⅱ種

A 酸素は，空気中に存在するほか，水や岩石，生物体など多くの物質に化合物の
形で含まれ，地球表層の地殻における元素の質量パーセントでみると，~~ケイ素，~~
~~アルミニウムに次いで多い。~~
　　　　　酸素が一番多い

B 酸素の同素体であるオゾンは特有の悪臭のある有毒な気体であり，分解して酸
素に変わりやすく，このとき酸化作用を示す。

C 過酸化水素は，一般には~~還元作用~~を示すが，~~酸化作用~~を示すこともある。特に
　　　　　　　　　　　　　　酸化　　　　　　　還元
~~高濃度の過酸化水素水は強い還元作用を示すため~~，皮膚の殺菌や消毒に用いら
　　濃度が約3％の過酸化水素水は
れる。

1 ⋯⋯ **A**

2 ⋯⋯ **B**

3 ⋯⋯ **C**

4 ⋯⋯ **A，B**

5 ⋯⋯ **A，C**

解説

難易度 ★★　重要度 ★★

A 地殻中の酸素は，二酸化ケイ素 SiO_2 の形で岩石に多く含まれていて，地球表層の地殻中の元素の中で最も多い（質量パーセント）。次いで，ケイ素 Si，アルミニウム Al の順である。地球表層の地殻と人体の成分元素は次のようになっている。

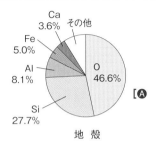

地 殻

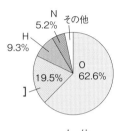

人 体

B 正しい。オゾン O_3 は【**B**　　　】色をした気体で，酸素 O_2 と同素体の関係にある。オゾンが分解して酸素に変わるとき強い酸化作用を示すので，殺菌や漂白，脱臭などに利用される。地上から 20～30km にオゾンの多いオゾン層があり，太陽からの生物に有害な【**C**　　　】線を吸収して地上に届くのを防いでいる。

C 「高濃度の」過酸化水素水を「皮膚の」殺菌や消毒に使うのは危険と感ずるだろう。高濃度ではなく，【**D**　　　】と呼ばれる濃度約 3% の過酸化水素水が，消毒殺菌剤として一般家庭で使われている。高濃度の過酸化水素の水溶液は皮膚を侵す劇物である。

過酸化水素 H_2O_2 は，通常は，

$$H_2O_2 + 2H^+ + 2e^- \longrightarrow 2H_2O \text{（O の酸化数：} -1 \rightarrow -2）$$

のように自身は【**E**　　　】されて相手を酸化する酸化剤として働くが，酸性水溶液中の過マンガン酸カリウム $KMnO_4$ のような強い酸化剤との反応では，

$$H_2O_2 \longrightarrow 2H^+ + O_2 + 2e^- \text{（O の酸化数：} -1 \rightarrow 0）$$

のように自身は【**F**　　　】され還元剤として働く。

Point

- 地殻中の成分元素のうち質量比で最も多いのは酸素である。また，人体中の成分元素でも酸素が最も多い。
- 酸素と同素体の関係にあるオゾンは，オゾン層において生物に有害な太陽からの紫外線を吸収している。

A：C（炭素），**B**：淡青，**C**：紫外，**D**：オキシドール，**E**：還元，**F**：酸化

天然資源の活用

天然資源の活用に関する記述として
最も妥当なのはどれか。

平成17年度
国家Ⅱ種

1 窒素は，化学的に安定しており反応しにくいが，~~白金~~を触媒として高温の空気
　　　　　　　　　　　　　　　　　　　　　　四酸化三鉄など
中の窒素と~~水~~を反応させ~~二酸化窒素を得る~~~~オストワルト法~~によって，肥料とし
　　　　水素　　　　　アンモニア　　　　ハーバー・ボッシュ法
て有効に活用されている。

2 岩塩を原料として食塩が得られ，さらに食塩の水溶液を電気分解すると，~~陰極~~
　　　　　　　　　　　　　　　　　　　　　　　　　　　　　　　　　　陽極
では塩素が発生し，~~陽極に水酸化ナトリウムが析出~~する。水酸化ナトリウムを
　　　　　　　　　　陰極に水素が発生
乾燥させたものは乾燥剤として用いられる。

❸ ケイ素は，天然には単体として存在しないが，酸素化合物やケイ酸塩として岩
石中に多く存在する。単体は半導体としての性質を持ち，超高純度のものは太
陽電池などに用いられる。

4 銀は，金と同様に化学的に最も安定した金属であり，天然に単体として数多く
産出する。単体は装飾品に用いられるほか，感光性を持つ~~酸化銀~~は写真のフィ
　　　　　　　　　　　　　　　　　　　　　　　　　　　臭化銀
ルムなどに用いられている。

5 石油を原料としてさまざまな化学製品が作られており，~~エチレン~~のような非常
　　　　　　　　　　　　　　　　　　　　　　　　　　　ポリエチレン
に大きい分子は高分子と呼ばれ，高分子の単位となる~~ポリエチレン~~のような小
　　　　　　　　　　　　　　　　　　　　　　　　　エチレン
さな分子は単量体と呼ばれる。

解説　難易度 ★★　重要度 ★★

1 オストワルト法が硝酸の製法であることを知っていれば，すぐに誤りとわかるだろう。

2 塩化物イオンは陰イオン Cl^- であり，塩素の気体 Cl_2 になるには電子を放出しなければならないことから考えると，電子を送ってくる陰極から塩素が発生するのはおかしいと判断できる。

塩化ナトリウム NaCl 水溶液を電気分解すると，

陽極：$2Cl^- \longrightarrow Cl_2 + 2e^-$

陰極：$2H_2O + 2e^- \longrightarrow H_2 + 2OH^-$

の反応が起こり，陰極からは水素が発生する。

水酸化ナトリウムは，空気中の水分を吸収して水溶液になる [**A**　　　　] 性があり，塩基性物質の乾燥剤として用いられることがある。

3 正しい。ケイ素は，地殻の成分元素としては，[**B**　　　　] に次いで多い（質量比）。単体は，酸化物を電気炉で融解して作られ，[**C**　　　　] 結合の結晶である。

4 写真材料に使われるのは銀とハロゲンの化合物であることを知っていれば，「酸化銀は写真のフィルムに用いられ」が誤りと判断できるだろう。

臭化銀 AgBr や塩化銀 AgCl などのハロゲン化銀は，光によって分解して銀が析出する。写真フィルムはこの性質を利用している。銀は化学的には安定しているが，金ほどではなく，[**D**　　　　] と反応して黒色の硫化銀 Ag_2S を生成したりする。

5 ポリ（poly-）が「多数の，多量の」という意味の接頭辞であることを知っていれば，ポリエチレンが単量体というところはおかしいと気づくだろう。

分子量がおよそ [**E**　　　　] 以上である高分子化合物は，単位となる単量体（モノマー）が多数結合して [**F**　　　　] になっているものが多い。

Point

- [ ] アンモニアの工業的製法はハーバー・ボッシュ法，硝酸の工業的製法はオストワルト法である。

- [ ] ケイ素の単体は天然には存在せず，酸化物から得られる単体は半導体である。

- [ ] 臭化銀や塩化銀は，光によって分解して銀を析出し，写真フィルムなどに用いられる。

Ⓐ：潮解，Ⓑ：酸素，Ⓒ：共有，Ⓓ：硫化水素，Ⓔ：1万，Ⓕ：重合体（ポリマー）

危険な化学物質の取扱い

危険な化学物質の取扱いに関する記述として，
正しいものはどれか。

平成10年度
警察官

1 ベンゼンは低沸点の液体で引火しやすいので，火気のないところで取り扱う必要があるが，人体には有毒~~ではない~~。
である

2 ナトリウムは酸素と激しく反応して発火するので，保存する場合は空気に触れないように~~水中~~に入れて保管する。
石油中

3 水酸化ナトリウムは皮膚を腐食する作用があるので，皮膚に付いた場合は，直ちに~~薄い塩酸を付けて中和し，その後，水で洗う~~。
多量の水で洗い流す

4 塩酸は皮膚に炎症を起こすので，皮膚に付いた場合は多量の水で洗い流し，その後，炭酸水素ナトリウム水溶液を付け，さらに水で洗う。

5 濃硫酸の蒸気は有毒で，また水に触れると激しく発熱するので，濃硫酸を薄める場合は~~濃硫酸~~に~~水~~を徐々に加えるようにする。
水　濃硫酸

解 説　難易度 ★★☆　重要度 ★☆☆

1 一般にどんな物質でも量によっては人体に有害となることから，「有害ではない」は疑ってみる必要がある。

　　分子が【**Ⓐ**　　　　　】形をしているベンゼンは，沸点80℃で引火しやすく，発がん性を持つなど有毒な物質なので，有機溶媒にはベンゼンの代わりにトルエンなどが使われるようになった。なお，染み抜きなどに使われるベンジンは別の物質である。

2 ナトリウムは反応性が高く，常温の水とも激しく反応する。ナトリウムが水と反応すると，【**Ⓑ**　　　　　】を発生して，水酸化物である【**Ⓒ**　　　　　】ができる。このような反応は，【**Ⓓ**　　　　　】金属と呼ばれる1族元素に共通する。

3 塩基である水酸化ナトリウムを，酸である塩酸で中和するのは一見よさそうだが，量の調整を間違えると強酸である塩酸によって炎症を起こす危険性があるし，中和反応の発熱の問題も考えられるなど，いくつか疑問が湧くであろう。

　　水酸化ナトリウムは，苛性ソーダとも呼ばれるが，「苛性」は皮膚を侵すという意味がある。塩基に触れるとぬるぬるするが，これは塩基で皮膚のタンパク質が溶けているわけである。特に目に入ると失明の危険があるので，多量の水で十分に洗い流す。このように水酸化ナトリウムは危険であり，劇物に指定されているので，取扱いには十分注意する必要がある。

4 正しい。**3**の強塩基である水酸化ナトリウムと同様に，強酸である塩酸や硫酸が皮膚に付いたときは多量の水で洗い流す。その後に，【**Ⓔ**　　　　　】塩基である炭酸水素ナトリウムを使ってもよい。

5 多量の硫酸に少量の水を加える場合を考えると，激しく発熱・沸騰して危険と判断しよう。水の密度は濃硫酸より【**Ⓕ**　　　　　】ので，濃硫酸に水を入れると，濃硫酸の表面に水が浮かんで突沸し，硫酸を周囲に飛ばすなどの危険がある。

Point

□ ナトリウムは，水と激しく反応するので，石油中に保存する。

□ 強塩基の水酸化ナトリウムや，強酸の塩酸・硫酸が皮膚に付いた場合は，直ちに多量の水で洗い流す。

□ 希硫酸を作る場合は，濃硫酸を水の中に少しずつ入れて撹拌して薄める。

Ⓐ：正六角，Ⓑ：水素，Ⓒ：水酸化ナトリウム，Ⓓ：アルカリ，Ⓔ：弱，Ⓕ：小さい

二酸化炭素の性質

身近な物質である二酸化炭素に関する記述として最も妥当なのはどれか。

平成19年度
国家Ⅱ種

1 化学反応により発生させた二酸化炭素は，~~上方置換法~~で集めることができるが，
　　　　　　　　　　　　　　　　　　　下方置換法
これは，二酸化炭素が空気よりも~~軽く~~，~~水にほとんど溶けない~~性質を利用する
　　　　　　　　　　　　　　　　重く　　　少し溶ける
ものである。

2 南極大陸上空の成層圏のオゾン層は，毎年 9 ～ 10 月にオゾンの濃度が非常に
低く，穴があいたような状態になり，オゾンホールと呼ばれているが，この現
象の最大の原因物質は~~二酸化炭素~~である。
　　　　　　　　　　フロン

3 酸性雨による石造建築物の溶解や森林の被害などが広範な地域で起こっている
が，主な原因物質は，人類の活動により排出された~~二酸化炭素が空気中の水分~~
　　　　　　　　　　　　　　　　　　　　　　　窒素酸化物や硫黄酸化物
~~と結びついて生成した炭酸~~である。

④ 有機物には炭素が含まれるため燃やすと二酸化炭素が発生するが，天然ガスは，
石油や石炭に比べて，同じ燃焼エネルギーを得る際に発生する二酸化炭素の量
が少ない。

5 鉄に含まれる炭素は，硬さと引っ張り強度を~~増す~~働きがあり，炉の中に~~二酸化~~
　　　　　　　　　　　　　　　　　　減らす　　　　　　　　　　　酸素
~~炭素~~を吹き込むことによって炭素含有量の~~多いステンレス鋼~~を製造する。
　　　　　　　　　　　　　　　　　　　少ない鋼

解説　難易度 ★★　重要度 ★★★

1 二酸化炭素 CO_2 の分子量が $12×1+16×2=44$ であることから，空気（平均分子量 28.8）より重いことがわかる。

二酸化炭素は水に少し溶けて，[**Ⓐ**　　　　]性を示す。

2 二酸化炭素は地球温暖化の原因物質の一つとされるが，オゾンホールの原因物質とはいわれていないことから判断する。

オゾン O_3 は，酸素に[**Ⓑ**　　　　]が当たるとできる酸素の単体で，成層圏にオゾン濃度の高い部分があり，オゾン層と呼ばれている。南極の上空に発見されたオゾンホールは，冷蔵庫やエアコンの冷媒として使われてきたフロン（炭化水素の水素を塩素などに置換した物質の総称）が，成層圏まで達して紫外線の作用で分解し，生じた塩素が連鎖的にオゾンを分解するためにできるとされる。

3 炭酸が弱酸性であることから，石造建築物などを溶解するまでにはならないと推測されるだろう。

自動車の排気ガスから窒素酸化物 NO_x，[**Ⓒ**　　　　]を含む化石燃料の燃焼から硫黄酸化物 SO_x が排出され，大気中の水分に溶け込んで，[**Ⓓ**　　　　]や亜硝酸，硝酸が生じ，pH が 5.6 よりも小さい酸性雨ができると考えられている。

4 正しい。天然ガスは，炭素数が 1 のメタンが主成分であり，生成される二酸化炭素の単位質量当たりの燃焼エネルギーは，炭素数の多い炭化水素を成分とする石油や石炭に比較して大きい。

5 スレンレスが合金であることから，「炭素含有量の多いステンレス鋼」が誤りと推測できるだろう。

鉄鉱石を溶鉱炉で還元して得られる銑鉄は，質量比で約 4 ％の[**Ⓔ**　　　　]や不純物を含んでいるためもろい。これを転炉に移して酸素を吹き込んで，不純物を除いて[**Ⓔ**　　　　]の質量比を 0.04 ～ 1.7 ％にしたものを鋼といい，粘りがあって強い。

🔑 Point

☐ オゾンホールの原因物質はフロンと考えられている。

☐ 酸性雨は，窒素酸化物 NO_x や硫黄酸化物 SO_x が大気中の水分に溶け込んで生じた硫酸，亜硝酸，硝酸によって，pH が 5.6 以下になった雨のことである。

☐ 天然ガスは，石油や石炭よりも少ない二酸化炭素の排出でエネルギーを得ることができる。

Ⓐ：弱酸，Ⓑ：紫外線，Ⓒ：硫黄，Ⓓ：硫酸，Ⓔ：炭素

非金属元素

非金属元素に関する記述として，最も妥当なのはどれか。

令和元年度
警察官

1 水素の単位は地球上で最も軽い気体であり，銅と熱濃硫酸の反応によって発生
する。
　➡銅と熱濃硫酸の反応で発生する気体は
　　二酸化硫黄

2 塩素と水の反応によって生じる次亜塩素酸は強酸である。
　　　　　　　　　　　　　　　　　　　　　弱酸

3 酸素は無色無臭であるのに対し，その同素体であるオゾンは淡青色で特異臭を
放ち，毒性を持つ。

4 硝酸は工業的には接触法によって生成される。
　　　　　　　　　オストワルト法

5 ケイ素は地殻中に最も多く含まれる元素である。
　　　　　　　　2番目に多く含まれる

解説

難易度 ★☆☆　重要度 ★★☆

1 水素は宇宙に最も多く存在する元素である。地球上では自然界に単体としてほとんど存在せず，酸素との化合物である水として多く存在する。塩酸や希硫酸と亜鉛などの金属を反応させると水素が発生する。

2 塩素は岩塩や海水中などに塩化物イオンとして存在する。単体は【Ⓐ　　　】色の気体であり，水によく溶ける。水と反応して生じる次亜塩素酸は，強い酸化力があるので，花の色素などを漂白するが，電離度は大きくないので，【Ⓑ　　　】である。

3 正しい。地表付近における大気に占める酸素の組成割合は，約21%である。また，化合物として水や岩石（ケイ酸塩，炭酸塩）の成分としても多量に存在する。酸素の同素体であるオゾンは，宇宙から降り注ぐ紫外線から地球を守っている。特に有機化合物を酸化する力に優れ，有害物質が残留しにくい性質を持ち，生活全般で【Ⓒ　　　】や洗浄に利用されている。

4 硝酸の生成方法として，まず白金触媒を用いてアンモニアを酸化し，一酸化窒素を生成する。生成した一酸化窒素をさらに酸化し，二酸化窒素を生成して，二酸化窒素を水と反応させ，硝酸を生成する。このような生成方法は【Ⓓ　　　】（ドイツ，1853～1932）により発明され，【Ⓓ　　　】法と呼ばれる。

5 地殻中の元素の存在度は大きい順に，酸素＞ケイ素＞【Ⓔ　　　】＞鉄，である。ただし酸素の多くは単体ではなく，酸化物などの化合物として存在している。

Point

- [ ] 水素は水に溶けにくく，亜鉛など水素よりイオン化傾向の大きい金属に，希硫酸または希塩酸を加えて得られる。
- [ ] 水素自動車などの水素を燃料にした自動車は，二酸化炭素を排出しないため，さらなる開発が期待されている。
- [ ] オゾンは水道水をつくる際にも重要な役割を果たしている。
- [ ] 空気中の窒素と水素からアンモニアをつくる方法をハーバー・ボッシュ法という。

Ⓐ：黄緑，Ⓑ：弱酸，Ⓒ：脱臭，Ⓓ：オストワルト，Ⓔ：アルミニウム

無機物質気体の性質

無機物質に関する次のA～Dの記述の正誤の組合せとして最も適当なものはどれか。

平成27年度
裁判所

A 二酸化炭素は，空気より重い無色無臭の気体で，水に少し溶けて炭酸水になり，弱酸性を示す。

B アンモニアは，<s>黄緑色の有毒な気体で</s>，<s>漂白・殺菌作用を持つ。水道水の殺菌</s>
無色　　　　　　　　　　　→pHを調整して漂白・殺菌を促す
<s>剤として利用されている。</s>　　ために利用されることがある
→水道水は塩素を使って消毒されている

C 一酸化炭素は，無色無臭の有毒な気体で，有機物の不完全燃焼で生じる。一酸化炭素は赤血球中のヘモグロビンと結合しやすいため，低濃度でも吸引すると中毒が生じる。

D 水素は最も軽い気体であり，燃料電池やロケットの燃料に利用される。工業的には天然ガスと水から触媒を用いて作ることができる。

	A	B	C	D
1 ……	誤	正	正	正
2 ……	正	誤	正	正
3 ……	正	正	誤	正
4 ……	正	誤	正	誤
5 ……	誤	誤	正	正

解説

難易度 ★★　重要度 ★★

A 正しい。二酸化炭素 CO_2 は一部が電離して水に少し溶け，酸として働くようになる。これは炭酸水と呼ばれ弱酸性を示す。二酸化炭素の固体は【**A**　　　　】と呼ばれる。**C**の一酸化炭素ほどではないが，高濃度になると二酸化炭素も毒性を持つようになるので，【**A**　　　　】を扱うときには注意する必要がある。二酸化炭素は空気よりも重いため，火山や湖で発生した二酸化炭素が低地にたまって，多くの人が死亡した事故もあった。

B アンモニア NH_3 は刺激臭を持つ無色の気体で，水に溶けやすく空気よりも軽いので【**B**　　　　】置換で捕集する。黄緑色の気体としてよく知られているのは塩素 Cl_2 である。

C 正しい。一酸化炭素 CO は酸素よりもヘモグロビンと結合しやすいために，赤血球による酸素の運搬を阻害する。高温では CO_2 に変わりやすいため，酸化物から酸素を奪う【**C**　　　　】作用があり，鉄鉱石から鉄の単体を得るのに用いられる。

D 正しい。水素 H_2 は無色無臭の気体である。実験室では，亜鉛に希硫酸を加えるなどして発生させる。水の【**D**　　　　】分解によって発生させる方法は，実験室でも工業的にも用いられる。燃料電池は水だけが出るのでクリーンであるが，燃料の水素を製造する際に化石燃料を消費し，二酸化炭素を排出してしまう。燃料電池の普及には課題も多い。

Point

□ アンモニアの蒸発熱が大きいことを利用して，冷凍機の冷媒としてアンモニアが使用されている。

□ 赤熱したコークスに水蒸気を反応させると，水性ガスと呼ばれる水素と一酸化炭素の混合気体ができる。水性ガスはメタノールの原料となる。

A：ドライアイス，**B**：上方，**C**：還元，**D**：電気

主な気体の性質

いろいろな気体の性質について述べた次の記述のうち，妥当なものはどれか。

1 一酸化炭素には強い酸化作用がある。製鉄の過程では高炉中においてコークス
　　　　　　　　　　還元
が燃えたときに発生する一酸化炭素の酸化作用が利用されている。
　　　　　　　　　　　　　　　還元

2 ガソリン自動車の排気ガス中に含まれる一酸化窒素は大気中で酸化されて二酸

化窒素になるが，これが雲の中の水滴や降雨中の雨滴に溶け込むと，酸性雨の

原因となる。

3 アンモニアは地球温暖化の原因となる気体であり，水に溶けやすく，密度は空
　　　　　　　　　　　　　　　　　ならない
気よりも大きいので，実験室では下方置換で捕集する。
　　　　　小さい　　　　　　　　　上方置換

4 塩化水素は黄緑色の有毒気体で，空気より重く，アンモニアと接触させると塩
　　　　　　　無色
化アンモニウムの白煙を生ずる。

5 メタンは炭素と水素の化合物で，常温では極めて安定であるため可燃性はない。
　　　　　　　　　　　　　　　　　　　　　　　　　　　　　　　　　　ある
また，わずかに温室効果を示すが地球温暖化への影響は少ない。
　　　温室効果の程度は大きい

解説　難易度 ★★★　重要度 ★★★

1 一酸化炭素は酸化されて二酸化炭素になるので，相手を還元する作用があり「酸化作用」が誤りとわかる。

鉄鉱石の主成分の赤鉄鉱 Fe_2O_3 は，高炉中で一酸化炭素により，

$$Fe_2O_3 \ + \ 3CO \ \longrightarrow \ 2Fe \ + \ 3CO_2$$

と還元される。

2 正しい。エンジン内では，高温になるため

$$N_2 \ + \ O_2 \ \longrightarrow \ 2NO$$

の反応により一酸化窒素が生成される。

酸性雨は，二酸化窒素 NO_2 などの窒素酸化物 NO_x が大気中の水分に溶け込み，【🅐　　　　　】を生成することが原因とされる。また，【🅑　　　　　】SO_x も同様に酸性雨の原因とされ，強酸である【🅒　　　　　】を生成する。酸性雨の対策として，工場に排煙脱硫装置や排煙脱硝装置が設置されたり，自動車に排ガス浄化装置が装備されたりしている。

3 アンモニア NH_3 の分子量は，$14×1+1×3 = 17$ と空気（平均分子量 28.8）よりも小さいことから，「密度は空気より大きい」が誤りとわかる。

地球温暖化の原因となる温室効果ガスは，水蒸気，【🅓　　　　　】，メタンなどであり，アンモニアは含まれない。

4 黄緑色の気体としてよく知られているのは塩素であることから，「塩化水素は黄緑色」の部分が誤りとわかるだろう。

ハロゲンに水素が結合したハロゲン化水素フッ化水素 HF，塩化水素 HCl，臭化水素 HBr，ヨウ化水素 HI はすべて【🅔　　　　　】色で，刺激臭を持つ。これらは水によく溶けて酸性を示すが，HF だけが【🅕　　　　　】酸でほかは【🅖　　　　　】酸である。塩化水素の水溶液は【🅗　　　　　】と呼ばれる。

5 メタンは燃えるので「可燃性はない」が誤りとすぐにわかるだろう。

メタン CH_4 は，天然ガスの主成分である。温室効果の程度を示す地球温暖化係数（基準となる二酸化炭素は 1）が 21 となっており，重量当たりでは二酸化炭素よりもメタンのほうが温室効果が大きいとされる。

Point

☐ 一酸化炭素は還元作用を持ち，高炉中での鉄鉱石の還元に利用される。

☐ 自動車の排気ガス中の窒素酸化物は，酸性雨の原因の一つである。

☐ メタンは温室効果ガスの一つである。

🅐：硝酸，🅑：硫黄酸化物，🅒：硫酸，🅓：二酸化炭素，🅔：無，🅕：弱，🅖：強，🅗：塩酸

主要金属の性質

金属に関する記述として，妥当なのはどれか。

平成22年度
地方上級

1 鋼は，強くて硬い金属であり，鉄鉱石にコークスと硫黄を加えたものを溶鉱炉
　　➡鋼は「こう」と読む　　　　　　　　　　　　　　　　石灰石
に入れ，熱風を吹き込むことによって得られる。
　　　　　　　酸素

2 銅は，鉄に比べて熱を伝えやすい金属であり，高純度の銅は，粗銅を電解精錬

することによって得られる。

3 アルミニウムは，軽くて加工しやすい金属であり，ボーキサイトを加熱して得

られる酸化アルミニウムを，濃塩酸で処理することによって得られる。
　　　　　　　　　溶融塩電解（融解塩電解）する

4 青銅は，銅と鉛との合金であり，ブロンズとも呼ばれ，美術品や五円硬貨に使
　　　　　　　　スズ　　　　　　　　　　　　　　　　　　　　　　　十円硬貨
用されている。

5 ジュラルミンは，アルミニウムとクロムとの合金であり，航空機や橋りょうの
　　　　　　　　　　　　　　　　銅やマグネシウム
骨組みに使用されている。
　➡ケースなど

解説

難易度 ★★☆　　重要度 ★★★

1 鉄鉱石を溶鉱炉で還元すると，比較的炭素を多く含む銑鉄ができる。銑鉄は鋳物（いもの）などに用いられるが，もろいため建築物には使えない。銑鉄を強くするには，転炉に移して【**A**　　　　　】を吹き込み，炭素を酸化させて少なくした鋼（こう）にする。

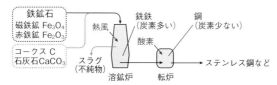

2 正しい。粗銅は純度約 99 ％で，電解精錬により純度 99.99 ％以上の銅が得られる。

3 アルミニウムを得るには多量の【**B**　　　　　】を使って溶融塩電解をする必要があることから，「濃塩酸で処理する」が誤りとわかる。

4 青銅（ブロンズ）は，銅と鉛ではなく，銅とスズの合金である。

5 ジュラルミンはアルミニウムと銅，マグネシウムなどの合金であり，クロムは使われない。また，橋（きょう）りょうには鋼や鉄筋コンクリートなどが使われる。

合金には次のようなものがあるので，整理しておこう。

合金	主成分と添加金属	用途
青銅（ブロンズ）	Cu に Sn	美術品，10 円硬貨
黄銅（真鍮（しんちゅう））	Cu に Zn	楽器，5 円硬貨
白銅	Cu に Ni	50 円・100 円硬貨
洋銀	Cu に Zn，Ni	食器，時計
【**C**　　　】	Sn に Cu，Ag など	金属の接合
【**D**　　　】	Fe に Cr，Ni など	台所用品，鉄道車両
ジュラルミン	Al に Cu，Mg など	航空機材，ケース

Point

☐ 鉄を得るには，磁鉄鉱 Fe_3O_4 や赤鉄鉱 Fe_2O_3 からなる鉄鉱石に，コークスと石灰石を混ぜて溶鉱炉に入れて，コークスから発生する一酸化炭素で還元する。

☐ 銅を得るには，黄銅鉱などからなる銅鉱石を溶鉱炉で還元して粗銅を得たあと，純度を高めるために，粗銅板を陽極，純銅板を陰極として電気分解する。

A：酸素，**B**：電力，**C**：はんだ，**D**：ステンレス鋼

気体

気体に関する記述として，最も妥当なのはどれか。

1 一酸化炭素は，~~刺激臭のある~~無色の有毒な気体であり，燃料の不完全燃焼など
（無臭で）
により生じる。水に~~よく溶けて酸性を示す~~。
（は溶けにくい）

2 塩素は，~~無臭で~~黄緑色の有毒な気体であり，水と反応すると塩化水素と~~酸素~~が
（刺激）　　　　　　　　　　　　　　　　　　　　　　　　　（次亜塩素酸）
生じる。水溶液は漂白剤や殺菌剤などに用いられる。

3 二酸化窒素は，刺激臭のある~~無色~~の有毒な気体であり，水に溶けると硝酸が生
（赤褐）
じる。常温では一部が~~赤褐色の四酸化窒素~~に変化する。
（無）　　（四酸化二窒素）

4 硫化水素は，腐卵臭のある~~赤褐色~~の有毒な気体であり，水に~~少し~~溶けて~~アルカ~~
（無）　　　　　　　　　　　　　　　　（よく）　　　（酸）
~~リ~~性を示す。水溶液に二酸化硫黄を通じると硫黄が析出する。

❺ ホルムアルデヒドは，刺激臭や催涙性のある無色の気体であり，水によく溶け，
水溶液は防腐剤や消毒薬に用いられる。

解説　難易度 ★★　重要度 ★★★

1 炭素Cの単体や化合物が不完全燃焼すると，無色，【**A**　　　】臭で有毒な気体である一酸化炭素COが生じる。一酸化炭素は還元性が強く，酸化銅から酸素を奪い二酸化炭素となる。また，空気中で青色の炎を出しながら燃焼し，二酸化炭素CO_2となる。

2 塩素Cl_2の単体は，黄緑色で【**B**　　　】臭のする有毒の気体である。岩塩や海水中に塩化物イオンとして多量に存在する。水に溶け，反応して生じる次亜塩素酸は，強い酸化力があるので色素を漂白したり，殺菌剤などとして用いられる。

3 二酸化窒素NO_2は，赤褐色で刺激臭のする有毒な気体である。水によく溶け，反応して硝酸HNO_3になる。常温で二酸化窒素から発生する四酸化二窒素N_2O_4は，無色の気体であるが水溶液は黄色である。窒素酸化物を総称して【**C**　　　】といい，大気汚染の大きな原因となっている。

4 硫化水素H_2Sは，無色で【**D**　　　】臭のする有毒な気体である。水によく溶け，弱酸性を示す。多くの重金属イオンと反応して沈殿を生成する。還元性が強く，酸化されて硫黄Sになりやすい。

5 正しい。ホルムアルデヒドCH_2O(HCHO)は無色で強い刺激臭のある気体である。約37％の水溶液は【**E**　　　】と呼ばれ，防腐剤として生物標本などに用いられる。また，還元性を持つため，酸化されやすい。以前は壁紙を貼るときの接着剤や壁材となる樹脂の原料にホルムアルデヒドが含まれていたが，【**F**　　　】症候群の原因物質であるとわかったことから，現在では改善が進められている。

Point

☐ 一酸化炭素は二酸化炭素に比べると比較的軽い。

☐ 硫化水素は火山地帯の近くでも多く発生している。

☐ ホルムアルデヒドが酸化してできるギ酸は，昆虫のアリが持つ酸である。

A：無，**B**：刺激，**C**：ノックスNO_x，**D**：腐卵，**E**：ホルマリン，**F**：シックハウス

金属

次の記述は，アルミニウム，バリウム，カルシウム，リチウム，チタンのいずれかの金属に関するものである。記述と金属名の組合せとして，妥当なものはどれか。

令和元年度
地方上級

1 この金属の炭酸塩は石灰石や大理石の主成分であり，セメントの原料として多
　　⤵炭酸カルシウムが主成分　　⤵カルシウムシリケート鉱物のこと
量に使われている。　　　　　　　　　　　　　　　── ~~アルミニウム~~
　　　　　　　　　　　　　　　　　　　　　　　　　　　カルシウム

2 この金属を正極に用いた蓄電池は，携帯電話や電気自動車に用いられている。
　　　　　　　　　　　　⤵主にリチウムがこれらの蓄電池として用いられる
　　　　　　　　　　　　　　　　　　　　　　　　　── ~~バリウム~~
　　　　　　　　　　　　　　　　　　　　　　　　　　リチウム

3 ルビーやサファイヤはこの金属の酸化物の結晶である。ミョウバンはこの金属
　　⤵これらは酸化アルミニウムの結晶　　　　　　　⤵カリウムやアルミニウムを含む
の硫酸塩の化合物を含んでおり，着色や食品添加物に使われる。

　　　　　　　　　　　　　　　　　　　　　　　　── ~~カルシウム~~
　　　　　　　　　　　　　　　　　　　　　　　　　アルミニウム

4 この金属の硫酸塩はX線を吸収するため，消化管のX線撮影の造影剤として使
　　　　　　　　　　　　　　⤵硫酸バリウムが使われる
われる。　　　　　　　　　　　　　　　　　　── ~~リチウム~~
　　　　　　　　　　　　　　　　　　　　　　　バリウム

❺ この金属の酸化物は光触媒として使われ，光が当たると油汚れを分解するため，
ビルの外壁に用いられる。　　　　　　　　　　　── チタン

解説 難易度 ★★☆ 重要度 ★★★

1 記述はカルシウムについてのものである。カルシウムは，園芸など
に使用する消石灰と呼ばれる水酸化カルシウム，セメントなどに使
用する石灰石と呼ばれる炭酸カルシウム，[**Ⓐ**　　　]などに使用す
る塩化カルシウムなどの化合物が存在する。

2 記述はリチウムについてのものである。リチウムは，アルカリ金属
の一種で，空気中の酸素によって酸化されたり水蒸気と反応したり
するので，灯油中に保存する。正極（負極）にリチウムを用いた
[**Ⓑ**　　　]は，電子機器などに多く用いられている。

3 記述はアルミニウムについてのものである。アルミニウムは，天然
ではボーキサイトとして採掘され，化学処理をしたのち，大量の電
気を使用し，精錬される。ルビーやサファイヤは酸化アルミニウム
の結晶である。また，アルミニウムに銅，マグネシウムを混ぜた合
金を[**Ⓒ**　　　]といい，航空機の機体などに用いられる。また，ミョ
ウバンはアルミニウムとカリウムを含んだ硫酸塩であり，食品添加
物などにも使用される。

4 記述はバリウムについてのものである。バリウムの硫酸塩である硫
酸バリウムはX線を通さないため，X線造影剤としてレントゲン撮
影に利用されている。

5 正しい。チタンは，軽くて丈夫でさびにくい性質を持つ。また耐食
性にも優れているため，屋根外周の固定部分などに使われている。
またチタンの酸化物である酸化チタンは紫外線を吸収するため，
[**Ⓓ**　　　]に使われている。酸化チタンは光に当てると油を分解し
たり，水滴が付着しにくくなるため，自動車のドアミラーのくもり
防止に利用されている。

🔑Point

☐ アルミニウムの使用用途は多く，指紋採取の際に使用されることが
ある。

☐ カルシウムの酸化物である酸化カルシウムは乾燥剤としても用いら
れる。

☐ チタンはレアメタルの代表格であり，装飾品などとしても利用されて
いる。

Ⓐ：凍結防止剤，Ⓑ：リチウム電池，Ⓒ：ジュラルミン，Ⓓ：日焼け止め

さまざまな金属

金属に関する記述として
最も妥当なのはどれか。

1 ナトリウムは，銀白色で，やわらかく，イオン化傾向の最も大きい金属であり，
　　　　　　　　　　　　　➡大きいが，カリウム，カルシウムのほうがより大きい
天然には，炭酸ナトリウムなどの化合物の形で存在している。炭酸ナトリウム
　　　　　　　　　　　　　　　　　　　　　　　　　　　　　炭酸水素ナトリウム
は，加熱すると分解して二酸化炭素を生じるため，ベーキングパウダーなどの
膨張剤や胃薬として利用されているが，空気中の水蒸気を吸収して溶解する性
質を持つため，乾燥した場所に保存する必要がある。

2 アルミニウムは，銀白色の軽い金属で，常温の水と反応して水素を生じるが，
　　　　　　　　　　　　　　　　　　➡粉末の場合のみ水と反応する
塩酸とは，不動態となり反応しない。工業的には，鉱石のボーキサイトを，融
　　　　　　反応して水素を発生する　　　　　　アルミナ(酸化アルミニウム)にした後
解した氷晶石に溶かし，生じた沈殿物から単体を得ている。アルミニウムと鉛
　　　　　　　　　　　　　　　　　　　　　　　　　　　　　　銅，マグネシウムや亜鉛など
との合金はジュラルミンと呼ばれ，密度が高く，極めてかたいことから，航空
機材料などに用いられている。

3 カルシウムは，銀白色の軽く，やわらかい金属で，天然には単体として存在し
ないが，イオン化傾向が水素より小さいため，工業的には，水酸化カルシウム
水溶液をイオン交換膜法で電気分解して得ている。水酸化カルシウムはセッコ
ダウンズ法などの融解塩電解によって塩化カルシウムから得られる　　➡セッコウは硫酸
ウとも呼ばれ，空気中の水蒸気を吸収し，炭酸カルシウムを生じて固まること
カルシウムであり，水分を放出して固まる。水酸化カルシウムは空気中の水蒸気を吸収する
から，塑像などにも用いられている。

4 鉄は，金属元素のうちで地殻中に最も多く含まれる。天然には酸化物として存
在するように，単体は酸化しやすいため，表面を他の金属の薄膜で覆うめっき
が施されることが多い。鉄をスズでめっきしたブリキは，めっきに傷が付いて
　　　　　　　　　　　　鉄を亜鉛でめっきしたトタン
内部の鉄が露出しても，スズが先に酸化され，鉄がさびにくいことから，屋外
　　　　　　　　　　　　亜鉛
の建材に利用されている。

⑤ 銅は，赤みを帯びた金属光沢を示し，電気や熱の良導体である。天然には単体
として産出されることもあるが，工業的には，鉱石から得られた粗銅を電解精
錬して純度の高い銅を得ている。やわらかく，加工しやすいため，電線の材料
として用いられているほか，亜鉛との合金は黄銅，ニッケルとの合金は白銅と
呼ばれ，硬貨などに用いられている。

解説 難易度 ★★ 重要度 ★★

1 ナトリウムはカリウムやカルシウムに次いでイオン化傾向が大きいため，単体ではなく，海中の【**A**　　　】として地球上に大量に存在する。単体の金属ナトリウムは水と激しく反応し，素手で触るだけで手の表面の水分と化合し，水酸化ナトリウムになって皮膚を侵すため，【**B**　　　】に浸けて保存される。炭酸水素ナトリウム（$NaHCO_3$）は，加熱すると二酸化炭素と水を生じて炭酸ナトリウム（Na_2CO_3）になる。$NaHCO_3$ も Na_2CO_3 も水に溶けるが，空気中の水分を吸って溶ける（【**C**　　　】）のは水酸化ナトリウム（$NaOH$）である。

2 アルミニウムは一円玉硬貨に用いられており，アルミニウムの不動態は，硫酸や硝酸により生じる。そのほか，156ページの「身近な物質に含まれる元素」などを参照。

3 イオン交換膜法により，カルシウムイオンは集められるが，それを金属カルシウムに変えるのは不可能である。というのも、金属カルシウムもナトリウムと同じように常温の水と激しく反応するからである。水酸化カルシウムは【**D**　　　】とも呼ばれ，強塩基性である水溶液は【**E**　　　】とも呼ばれる。【**E**　　　】に二酸化炭素を吹き込むと，【**F**　　　】の白色沈殿を生じる。

4 鉄(Fe)，スズ(Sn)，亜鉛(Zn) のイオン化傾向は，Zn＞Fe＞Snの順に小さくなる。このため，鉄をスズでめっきした【**G**　　　】は，めっきに傷が付かない限り酸化されにくい。このため，缶詰など常に水分に触れるものに使われている。ただし，めっきに傷が付いて鉄が露出すると，水分による酸化が早い。一方，鉄を亜鉛でめっきした【**H**　　　】は，多少めっきに傷が付いても，鉄より酸化しやすい亜鉛が先に酸化され，さらに酸化した亜鉛によって表面が保護されることもあり，屋外の建材などに用いられる。

5 正しい。他の項目で扱われている金属と異なり，銅だけは水や希塩酸と反応しない。

Point

- 反応しにくい金属によるめっきのブリキは，内部を守るが，いったん傷が付くと腐食（酸化）しやすい。
- 反応しやすい金属によるめっきのトタンは，傷が付くと外部から腐食（酸化）する。

A：塩化ナトリウム，**B**：灯油，**C**：潮解する，**D**：消石灰，**E**：石灰水，**F**：炭酸カルシウム，**G**：ブリキ，**H**：トタン

触媒と化学反応

触媒に関するＡ，Ｂ，Ｃの記述の正誤の組合せとして最も妥当なのはどれか。

平成21年度
国家Ⅰ種

A 過酸化水素水に少量の酸化マンガン（Ⅳ）を加えると酸素が発生する。この過程では，酸化マンガン（Ⅳ）は触媒として，過酸化水素水の分解反応を促進させる働きをする。このとき，~~酸化マンガン（Ⅳ）は酸素の生成量に比例~~
触媒なので減少せずにそのまま残る
~~して減少するため，~~この反応を完結させるためには，酸化マンガン（Ⅳ）を
~~継続的に補充しなければならない。~~
補充する必要はない

B 水素と酸素の混合ガスから水を生成する反応は，混合ガス中に適当な触媒を入れて加熱すると速やかに進行する。この反応が速くなるのは，触媒により，触媒がないときの反応経路に比べて，活性化エネルギーの低い反応経路がつくられるからであるが，反応熱は，触媒の有無によって変わることはない。

C ハーバー・ボッシュ法は，~~無機水銀~~を触媒として窒素と水素からアンモニアを
鉄を主成分とする物質
合成する方法であり，~~1960年代までは工業用としてひろく用いられてきた。~~
現在でも主流の方法である
~~しかし，1970年代に触媒と反応物から有機水銀を含む物質ができることがわ~~
苛性ソーダの製法である水銀法は，水銀の毒性が社会問題になって規制された
~~かったため使用されなくなり，~~現在，~~アンモニア~~は陽極と陰極との間に隔膜を
苛性ソーダ
置くイオン交換膜法により合成されている。

	A	B	C
1	正	正	誤
2	正	誤	正
3	誤	正	正
4	誤	正	誤
5	誤	誤	正

解 説

難易度 ★★　重要度 ★

A 触媒とは，それ自身は変化しないが化学反応の速さを大きくする物質であることから，「酸素の生成量に比例して減少する」という部分が誤り。過酸化水素水を分解して酸素を発生させる反応

$$2H_2O_2 \longrightarrow 2H_2O + O_2$$

では，酸化マンガン（Ⅳ）の反応後の量は，反応前の量と比べて[**A**　　　]。

B 正しい。一般に化学反応では，反応物に反応を起こすのに必要な[**B**　　　]エネルギー以上のエネルギーを与えないと反応が起こらない。反応が起こる場合は，[**B**　　　]状態と呼ばれるエネルギーの高い中間状態を経て，生成物ができる。触媒を加えると，[**B**　　　]エネルギーが低い状態を経て反応が起こるので，反応が起こりやすくなる。触媒を使った場合の化学反応は，触媒を使わない場合に比べて次の表のようになる。

	反応速度	活性化エネルギー	反応熱
触媒あり	大きくなる	[**C**　　　]	[**D**　　　]

C 「陽極と陰極との間に隔膜を置く」イオン交換膜法は，電気分解の一種であるから，アンモニアは発生しないと判断できる。電気分解で発生する気体は，水素や酸素，塩素などのハロゲンである。この文章の後半部分は，アンモニアではなく苛性ソーダ（水酸化ナトリウム）の製法についての記述になっている。わが国では，1970年代に水俣病の判決などによって，水銀の毒性が社会的に問題となり，純度の高い苛性ソーダを得ることのできた水銀法は規制された。現在では，苛性ソーダの製法にはイオン交換膜法が採用されていて，技術開発の積み重ねにより，得られる苛性ソーダの純度は水銀法と同等といわれるまでになっている。

Point

- [ ] 触媒は，化学反応の速さを大きくして反応を起こしやすくするが，それ自身は反応の前後で変化しない。
- [ ] 触媒は，活性化エネルギーの低い反応経路をつくって，反応の速さを大きくすることができるが，このときの反応熱は触媒を使わない場合と同じである。
- [ ] 苛性ソーダ（NaOH）は，イオン交換膜法で製造されている。

A：変わらない，**B**：活性化，**C**：小さくなる，**D**：変わらない

有機化合物

有機化合物に関する記述として，最も妥当なのはどれか。

令和元年度 消防官

1 メタンは，天然ガスの主成分であり，化学式~~C₃H₆~~で表される。メタン分子は，
　　　　　　　　　　　　　　　　　　　CH₄
~~3個の炭素原子が環状となった構造をしている。~~
1個の炭素原子が4個の水素原子と単結合した

2 ベンゼンは，常温で無色，特異臭の~~気体~~であり，化学式C₆H₆で表される。ベ
　　　　　　　　　　　　　　　　液体
ンゼン分子は，6個の炭素原子が~~一直線に並んだ~~構造をしている。
　　　　　　　　　　　　　　　　環状

3 アセチレンは，常温で無色の気体であり，化学式C₂H₂で表される。アセチレ
ン分子内には，三重結合が含まれている。

4 ~~メタノール~~は，常温で無色の液体であり，化学式C₂H₅OHで表される。~~無毒で~~
エタノール
あり，飲料や消毒剤などに利用されている。

5 酢酸は，常温で無色，刺激臭の液体であり，化学式~~CH₃OH~~で表される。食酢
　　　　　　　　　　　　　　　　　　　　　　　　CH₃COOH
には，酢酸が~~50%~~含まれる。
　　　　およそ5%

難易度 ★ ☆ ☆　重要度 ★★★

1 メタンCH$_4$，エタンC$_2$H$_6$，プロパンC$_3$H$_8$のように，一般式がC$_n$H$_{2n+2}$で表される環状ではない飽和炭化水素を[**Ⓐ**　]という。[**Ⓐ**　]は燃料としてさまざまなところに利用されている。また，シクロヘキサンC$_6$H$_{12}$のように一般式C$_n$H$_{2n}$で表される環式飽和炭化水素を[**Ⓑ**　]という。

2 ベンゼンC$_6$H$_6$は，右図のように炭素原子間に[**Ⓒ**　]を持つ。ベンゼン環を持つ炭化水素を芳香族炭化水素という。

3 正しい。アセチレンは炭素間に三重結合を持つ直線系の有機化合物であり，炭素含有率が高いため，空気中で燃焼させると明るい炎をあげ，大量のすすを出す。また，アセチレンに酸素を混ぜて点火すると，高温の炎をあげる。これによって金属の溶接や切断が行われる。

4 アルコールとは，分子中に[**Ⓓ**　]基を持つ化合物の総称であり，有名なものとしてメタノールCH$_3$OHとエタノールC$_2$H$_5$OHがある。メタノールは無色の有毒な液体であり，ホルムアルデヒドの製造，各種有機化合物の合成や溶剤，燃料に用いられる。低公害燃料としても期待されている。また，エタノールは溶剤，合成原料，消毒用など，用途が広い。アルコール発酵で生成したエタノールは飲料に用いられる。

5 カルボキシ基-COOHを持つ化合物をカルボン酸という。低級カルボン酸である酢酸やギ酸は，刺激臭のある無色の液体であり，炭酸よりも強い酸性を示す。また，ギ酸は[**Ⓔ**　]性を持つ。

☐ 環式の有機化合物である「シクロ」となると，鎖状の有機化合物と比べて反応性は低くなる。

☐ ドイツのケクレは，ベンゼンの構造の発見者として有名である。

☐ カルボン酸の一種であるギ酸は，アリなどが持つ毒である。

Ⓐ：アルカン，**Ⓑ**：シクロアルカン，**Ⓒ**：二重結合，**Ⓓ**：ヒドロキシ，**Ⓔ**：還元

有機化合物の利用法

有機化合物に関する次の記述のうち，
最も妥当なのはどれか。

平成15年度
国家Ⅰ種

1 高級脂肪酸とグリセリンのエステルを油脂という。脂肪酸は飽和・不飽和の2
種類に分類されるが，~~飽和脂肪酸~~から作られる油脂は融点が低く，常温で液体
　　　　　　　　　不飽和脂肪酸
であるものが多い。これに~~水~~を付加して過熱すると固体となるが，こうして得
　　　　　　　　水素
られた硬化油は~~バター~~などの原料となる。
　　　　　マーガリン

2 油脂に水酸化ナトリウム水溶液を加えて加熱するとけん化が起こり，グリセリ
ンとセッケンが得られる。セッケンは乳化作用により洗浄効果を示すが，Mg
イオンやCaイオンを含む硬水に溶かすと，不溶性の塩が沈殿するため，洗浄
効果が低下する。

3 アルコールの一つであるエタノールは，~~不溶性~~で無色の液体であり，ブドウ糖
　　　　　　　　　　　　　　　　　　　　⤷水と任意の割合で溶ける
などを原料としたアルコール発酵によって生じるほか，工業的にはエチレンの
~~脱水反応~~で得られるものであり，飲料をはじめ化学工業・医療などに広く利用
水の付加反応
される。

4 合成繊維の一つである66ナイロンは，単量体であるアジピン酸とヘキサメチ
レンジアミンの~~付加重合~~によってできる高分子化合物であり，分子内に~~エステ~~
　　　　　　　縮合重合　　　　　　　　　　　　　　　　　　　　アミド結合
~~ル結合~~を多く含む。強度が~~低く~~，~~しわになりやすい~~が，吸湿性が~~高く~~，肌触り
　　　　　　　　　　　　　高く　しわになりにくい　　　　　　　低く
がよいため，衣料などに使用されている。

5 プラスチックの一つである~~ポリエチレン~~は単量体であるフェノールとホルムア
　　　　　　　　　　　　　　　フェノール樹脂
ルデヒドが縮合重合して得られる高分子化合物である。加熱すると硬くなるが，
その後冷却すると再び柔らかく~~なる~~熱硬化性樹脂であり，~~包装材や容器~~などさ
　　　　　　　　　　　　　　ならない　　　　　　　　　　電気部品や塗料
まざまな形で利用されている。

1 バターは牛乳を原料に作ることから、誤りと推測できる。

　　動物性油脂には固体が多く、常温で固体の油脂は【**A**　　　】と呼ばれる。植物性油脂には液体が多く、常温で液体の油脂は【**B**　　　】と呼ばれる。

2 正しい。セッケン R－COO－Na は、弱酸と強塩基からなる塩なので、水に溶かすと【**C**　　　】性を示す。

$$R-COO^- + H_2O \rightleftharpoons R-COOH + OH^-$$

Mg^{2+} や Ca^{2+} などが多い硬水中だと、次のように沈殿が生じる。

$$2R-COO^- + Ca^{2+} \longrightarrow (R-COO)_2Ca （沈殿）$$

また、動物性繊維の絹や羊毛では、セッケンの【**C**　　　】性のためにタンパク質の変性を起こしてしまう。

3 「不溶性」というところや、エチレン $CH_2=CH_2$ から「脱水」はできないことから、誤りと判断できるだろう。エタノールの工業的な製法としては、リン酸を触媒として高温高圧下で水蒸気を付加する。

$$CH_2=CH_2 + H_2O \longrightarrow C_2H_5OH$$

4 「しわになりやすい」、「吸湿性が高く」から誤りと判断できるだろう。

　　付加重合とは、【**D**　　　】結合を持つ単量体が【**D**　　　】結合を開く付加反応で結びつく方法である。【**E**　　　】重合とは、単量体から水分子のような簡単な分子がとれて結合していく方法である。

5 「ポリエチレン」という名称からエチレンで作られるはずだが、「フェノールとホルムアルデヒドが縮合重合」とあるので、誤りと判断できる。

　　フェノール樹脂は電気絶縁性に優れているので、プリント配線基板などに用いられている。ポリエチレンは、単量体のエチレンが【**F**　　　】重合した高分子化合物で、加熱すると柔らかくなる熱可塑性を持つ。

Point

□ 動物性油脂は飽和脂肪酸を多く含み固体が多い。植物性油脂は不飽和脂肪酸を多く含み液体が多い。

□ 66 ナイロンやフェノール樹脂は縮合重合による高分子化合物、ポリエチレンは付加重合による高分子化合物である。

□ プラスチックのうち、加熱で柔らかくなるものを熱可塑性樹脂、加熱で硬くなるものを熱硬化性樹脂という。

A：脂肪, **B**：脂肪油, **C**：弱塩基, **D**：二重, **E**：縮合, **F**：付加

有機化合物の性質と機能

次の A ～ D の記述の正誤の組合せとして 最も適当なのはどれか。

平成21年度
裁判所

A 油脂に水酸化ナトリウム水溶液を加えて加熱すると，油脂はけん化されて高級
脂肪酸のナトリウム塩（セッケン）とグリセリンになる。セッケンは親水性の
~~炭化水素基~~と疎水性の~~イオン部分~~からなり，水中では親水性の部位を外側にし
　イオン部分　　　　　　　炭化水素基
てミセルを作る。

B 炭素原子に4種類の異なる原子や原子団（H，CH_3，OH，COOH）が結合し
てできた化合物は，互いに重ね合わせることのできない2種類の異性体が存在
する。このような異性体を光学異性体といい，中心となる炭素原子を不斉炭素
原子という。

C 第一級アルコールは酸化剤により酸化されると~~ケトン~~になり，さらに酸化が進
　　　　　　　　　　　　　　　　　　　アルデヒド
むとカルボン酸になる。たとえばエタノールが酸化されると~~アセトン~~を経て最
　　　　　　　　　　　　　　　　　　　　　　　　アセトアルデヒド
終的には酢酸が得られる。

D 動植物の生命活動を維持する重要な物質である糖類，タンパク質，脂肪は有機
化合物であり，炭素原子を骨格として組み立てられている。

	A	B	C	D
1	正	正	誤	誤
2	正	誤	正	誤
3	正	誤	誤	正
4	誤	正	誤	正
5	誤	誤	正	正

解説 　難易度 ★★　重要度 ★★

A 炭化水素基は疎水性なので、「親水性の炭化水素基」という部分が誤りとわかる。水分子は電荷の偏りがある【**A**　　】分子なので、セッケンのイオン部分は、水に溶けやすく親水性を持つ。逆に、炭化水素基は極性が小さいので水には溶けにくく、疎水性の基となる。

炭化水素基（疎水性）　イオン部分（親水性）

油　ミセル

B 正しい。たとえば、乳酸には互いに鏡に映したような鏡像の関係にあって、重ね合わせることができない2種類のものがある。不斉炭素原子は*をつけたC*で表される。

COOH 　 HOOC
H–C*–OH 　 HO–C*–H
H₃C 　 CH₃
L-乳酸　鏡　D-乳酸

C エタノールは酸化されると、エタノール→アセトアルデヒド→酢酸になることから、「エタノールが酸化されるとアセトン」が誤り。アルコールは、－OHのついたCに結合する【**B**　　】の数によって、第一級〜第三級に分類される。

第一級アルコール	酸化→ アルデヒド	酸化→ カルボン酸
第二級アルコール	酸化→ ケトン	通常はこれ以上酸化されない
第三級アルコール	通常は酸化されない	

RはHまたは炭化水素基、R₁, R₂, R₃は炭化水素基

D 正しい。糖類には、グルコースなどの単糖類、マルトースなどの二糖類、デンプンなどの【**C**　　】がある。タンパク質は、多数の【**D**　　】酸からなる高分子化合物である。油脂のうち室温で固体のものを脂肪、液体のものを脂肪油という。糖類、タンパク質、脂肪は三大【**E**　　】と呼ばれる。

🔑**Point**

- ☐ 1つの炭素原子に結合した4つの原子または原子団が、すべて異なるような炭素原子は不斉炭素原子と呼ばれる。
- ☐ 第一級アルコールは、酸化されてアルデヒド、さらに酸化されてカルボン酸になる。第二級アルコールは、酸化されてケトンになる。

A：極性, **B**：C（炭素原子）, **C**：多糖類, **D**：アミノ, **E**：栄養素

身の回りの有機化合物

有機化合物に関する次の A～D の記述の正誤の組合せとして最も適当なのはどれか。

平成25年度
裁判所

A 動植物の体内に存在する油や脂肪を油脂という。油脂は，グリセリンと高級脂肪酸からできたエステルである。

B テレフタル酸とエチレングリコールを縮合重合させると，エステル結合を多数持つ高分子化合物が生じる。これをポリエチレンテレフタラート（PET）または単にポリエステルといい，合成繊維や合成樹脂として幅広く用いられている。

C 分子内に疎水基と親水基の両方を持つ化合物を界面活性剤といい，繊維に付着した油分を繊維から取り去る洗浄作用がある。

D エタノールは，水と任意の割合で溶け合う液体で，グルコースなどの糖を酸素の十分にある状態で酵母の働きによって分解すると生じる。これをアルコール
ない
発酵という。

	A	B	C	D
1 ……	正	正	正	誤
2 ……	正	正	誤	正
3 ……	正	正	誤	誤
4 ……	正	誤	正	正
5 ……	誤	正	正	正

解　説　難易度 ★★　重要度 ★★

A 正しい。カルボキシル基 –COOH を持つ化合物であるカルボン酸の
うち，鎖状の炭化水素（脂肪族炭化水素）R の末端に 1 個の
–COOH が結合した R-COOH の形のカルボン酸を脂肪酸という。R
に多くの C が含まれる場合を高級脂肪酸といい，二重結合を含まな
い飽和脂肪酸（パルミチン酸，ステアリン酸など）と，二重結合を
含む【**A**　　　　】脂肪酸（オレイン酸，リノール酸，リノレン
酸など）がある。グリセリンは，ヒドロキシ基 –OH を 3 個持つ 3
価のアルコールである。カルボン酸とアルコールから【**B**　　　　】
分子が取れて，エステル結合 –COO– を持つエステルが生じる。

B 正しい。芳香族炭化水素で –COOH を 2 個含むジカルボン酸の 1 つ
であるテレフタル酸と，【**C**　　　　】価のアルコールであるエチ
レングリコールを縮合重合させるとポリエチレンテレフタラートが
できる。

C 正しい。セッケンは疎水基（炭化水素基）と親水基（–COONa）を
持つ界面活性剤であり，セッケン水に油を入れて振ると，疎水基の
部分が接するようにセッケン分子が油分を取り囲み，外側に親水基
を向けた小滴となるため，水と油が混じるようになる。このような
現象は【**D**　　　　】化と呼ばれる。

D 酸素が十分にある状態ではアルコール発酵は起こりにくい。これは，
酵母菌が酸素の少ない環境では嫌気呼吸によって糖を二酸化炭素と
アルコールに分解するが（完全には分解しない），酸素が十分にある
環境では好気呼吸によって糖を二酸化炭素と水に完全に分解してし
まうからである。

🔑Point

☐ 分子量の小さい酢酸メチルや酢酸エチルなどのエステルは，りんごや
パイナップルなどの果実の芳香を作る成分である。

☐ エステルに水を多量に加えると，徐々にカルボン酸とアルコールに分
解する。これをエステルの加水分解という。

A：不飽和，**B**：水，**C**：2，**D**：乳

高分子化合物

高分子化合物等に関する記述A〜Dのうち,
妥当なもののみを挙げているのはどれか。

令和2年度
国家一般職

A 生分解性高分子は，微生物や生体内の酵素によって，最終的には，水と二酸化炭素に分解される。生分解性高分子でつくられた外科手術用の縫合糸は，生体内で分解・吸収されるため抜糸の必要がない。

B 吸水性高分子は，立体網目状構造を持ち，水を吸収すると，網目の区間が広がり，また，電離したイオンによって浸透圧が大きくなり，さらに多量の水を吸収することができる。この性質を利用して，吸水性高分子は紙おむつや土壌の保水剤などに用いられる。

C テレフタル酸と~~エチレン~~の~~付加重合~~で得られるポリエチレンテレフタラート
　　　　　エチレングリコール　縮合重合
(PET) は，多数の~~エーテル~~結合を持つ。これを繊維状にしたものは~~アクリル~~
　　　　　　　　　エステル　　　　　　　　　　　　　　　　　　　ポリエステル
繊維と呼ばれ，耐熱性，耐薬品性に優れ，~~航空機の複合材料や防弾チョッキ~~などに用いられる。
　　　　　　　　　水　　　　　　　　　　服やフリース

D 鎖状構造のグルコースは，分子内にヒドロキシ基を持つので，その水溶液は還元性を示す。また，蜂蜜や果実の中に含まれる~~フルクトース~~は，~~多糖~~であり，
　　　　　　　　　　　　　　　　　　　　　　　　　　　　　　　　　単糖
糖類の中で最も強い甘味を持ち，一般的に~~ブドウ糖~~と呼ばれる。
　　　　　　　　　　　　　　　　　　　　果糖

1 …… A，B
2 …… A，C
3 …… B，C
4 …… B，D
5 …… C，D

解説　難易度 ★　重要度 ★★★

A 正しい。現在，高分子として広く使用されている合成樹脂は，石油や天然ガスなどを原料として全世界で生産されている。プラスチックの多くは自然界の微生物によって分解されにくく，廃棄処分が課題となっている。よって通常のプラスチックと同様に使えて，微生物が分解できる物質の開発が進められている。このような性質を持つ物質を生分解性高分子，または【**A**　　　】という。その一つであるポリ乳酸(PLA) は180℃前後に融点を持つ熱可塑性樹脂であり，透明性が高い。ポリエチレンテレフタラート(PET) とよく似た性質を示すため，繊維やフィルム，ボトルなどの製品に利用され始めている。

B 正しい。吸水性高分子とは，少量で，多くの水を吸収することができる高分子化合物である。水に溶けやすいポリマーが三次元の網目状構造を持ち，水がないときは，ポリマーの長い分子鎖が絡まっており，体積が小さくなっている。しかし，水を加えると，この分子鎖が広がる。このとき，網目状構造に多数のすき間ができ，そのすき間に水が蓄えられることによって，多くの水を吸収することができる。【**B**　　　】や砂漠などに植林をする際に活用されている。

C ポリエチレンテレフタラートは，【**C**　　　】と【**D**　　　】を縮合重合させることによってできるポリエステル系の繊維である。引張り強度はナイロンに次いでおり，耐日光性に優れ，乾きやすい。シャツや水着，フリースなどに活用されている。

D 加水分解によって，それ以上に簡単な糖を得られない糖を【**E**　　　】といい，グルコースやフルクトースなどが該当する。またすべての単糖は還元性を示す。グルコースは多糖であるデンプンを加水分解することで得ることができ，動植物の体内に広く存在する。フルクトースは果物や蜂蜜に含まれている。

🔑 Point

- [ ] 生分解性高分子は微生物が分解することができるため，環境問題の解決につながる。

- [ ] ポリエチレンテレフタラートなどは，合成繊維といわれ，安価で簡易的に作ることができる。

- [ ] 単糖類が2つ結合しているものを二糖類といい，マルトース，スクロース，ラクトースなどがある。

Ⓐ：生分解性プラスチック，**Ⓑ**：紙おむつ，**Ⓒ**：テレフタル酸，**Ⓓ**：エチレングリコール，
Ⓔ：単糖

糖類

糖類に関する記述として，妙当なのはどれか。

令和3年度 地方上級

1 ガラクトースは，ガラクタンを加水分解すると得られる単糖である。

2 グルコースは，水溶液中では3種類の異性体が平衡状態で存在し，フェーリング液を還元する二糖である。
　　　　　　単糖

3 グリコーゲンは，動物デンプンとも呼ばれる分子式 $C_6H_{12}O_{6n}$ の多糖である。
　　　　　　　　　　　　　　　　　　　　$(C_6H_{10}O_5)_n$

4 セルロースは，還元性がなく，ヨウ素デンプン反応を示す多糖である。
　　　　　　　　　　　　　　　　　　　示さない

5 マルトースは，デンプンを酵素マルターゼで加水分解すると生じる二糖である。
　　　　　　　　　　　　アミラーゼ

解説 難易度 ★★★ 重要度 ★★

　　2つの単糖類（$C_6H_{12}O_6$）がグリコシド結合してできているものを二糖類（$C_6H_{22}O_{11}$）といい、たくさんの単糖類が結合して高分子となったものが多糖類（$C_6H_{10}O_5)_n$である。多糖類の分子量は10000を超えており、160_nで表される。

1 正しい。単糖であるガラクトースがグリコシド結合によって重合することで高分子になったものをガラクタンという。植物や海藻などに多く存在している。また、ガラクトースは還元性を示すが、ガラクタンは還元性を示さない。

2 グルコースは【Ⓐ　　　】とも呼ばれる単糖である。グルコースは光合成によって、水と二酸化炭素から作られ、細胞呼吸のための最も重要なエネルギー源である。水によく溶け、水中ではα-グルコース、β-グルコース、鎖状グルコースの3種類の異性体が存在している。また、グルコースは還元性を示す。

3 グリコーゲンはα-グルコースがグリコシド結合によって重合し、枝分かれが非常に多い構造になった高分子である。ヨウ素デンプン反応【Ⓑ　　　】で、動物が貯蔵する多糖として動物デンプンとも呼ばれる。また、グリコーゲンは還元性を示さない。

4 セルロースはβ-グルコースがグリコシド結合によって重合し、直線状で多糖となったものである。ヨウ素デンプン反応【Ⓒ　　　】で、熱水にも不溶である。セルロースは植物細胞の細胞壁や繊維の主成分であり地球上でもっとも多く存在する炭水化物である。また、セルロースは還元性を示さない。

5 マルトースはα-グルコースがグリコシド結合し二糖となったものであり、【Ⓓ　　　】とも呼ばれる。また、α-グルコースがグリコシド結合によって重合し、高分子となったものをデンプンという。デンプンはヨウ素デンプン反応【Ⓔ　　　】であり、熱水に溶かしたときに溶けるものをアミロースといい、溶けないものをアミロペクチンという。デンプンを分解する酵素はアミラーゼであり、マルトースを分解する酵素はマルターゼである。また、デンプンは還元性を示さないが、マルトースは還元性を示す。

🔑Point

☐ 単糖はすべて還元性を示す。

- -

☐ 二糖では、スクロース（ショ糖）は還元性を示さないが、マルトース（麦芽糖）やラクトース（乳糖）は還元性を示す。

Ⓐ：ブドウ糖、Ⓑ：陽性、Ⓒ：陰性、Ⓓ：麦芽糖、Ⓔ：陽性

化学094

有機化合物の構造と反応

有機化合物に関する記述として最も妥当なのはどれか。

平成27年度
国家総合職

1 アミノ酸は，分子内にアミノ基とカルボキシ基を持っており，α−アミノ酸どうしのアミド結合をペプチド結合という。タンパク質は，多数のペプチド結合を持つポリペプチドであり，ポリペプチド鎖の多くはらせん構造をしている。

2 グルコース（ブドウ糖）は，~~黄色~~の粉末状の結晶で，水に溶けやすく，多くの
　白色
動植物内の体内に貯蔵され，生物体のエネルギー源になる。グルコースは，単糖類で，~~五員環や六員環のものがあり~~，二糖類のラクトース（乳糖）を加水分
　　　　　　六員環であり
解すると得られる。

3 デンプンは，植物の種子・根茎・塊根・地下茎などに存在し，植物体内ではデンプン粒を形成している。デンプンは，多数の~~β−グルコースが直鎖状に結合~~
　　　　　　　　　　　　　　　　　➡α−グルコースが結合
したものであり，デンプンを水に溶かすと~~白色~~の水溶液が得られるが，それに
　　　　　　　　　　　　　　　　　無色透明
~~青色~~のヨウ素溶液を加えると，~~無色透明~~となる。
褐色　　　　　　　　　　　　　青紫色

4 油脂を水酸化ナトリウム溶液でけん化すると，グリセリンと脂肪酸のナトリウム塩が生成する。これをセッケンという。セッケンを加水分解すると，~~中性~~を
　　　　　　　　　　　　　　　　　　　　　　　　　　　　弱塩基性
示す。~~合成洗剤とは異なり~~，セッケンは Ca^{2+} や Mg^{2+} を多く含む硬水や海水
中でも~~泡立ちがよく，洗浄剤として使用することができる。~~
　　では不溶性の塩をつくるため洗浄剤として使用できない

5 核酸の単量体に相当する構造を~~リン酸エステル結合~~といい，窒素を含む有機塩
　　　　　　　　　　　　　　ヌクレオチド
基，糖，リン酸が結合している。核酸には DNA と RNA があり，両者は構成する糖がそれぞれデオキシリボースとリボースで異なっているが，~~塩基~~，リン
　　　　　　　　　　　　　　　　　　　　　　　　　　➡塩基は1種類
酸は同一である。
　　　　　　　　　　　　　　　　　　　　　　　　　　　だけ異なる

解説

難易度 ★★★　重要度 ★★

1 正しい。生体内の化学反応に対して触媒として働くタンパク質を[**Ⓐ**　　　]という。

2 グルコースやフルクトース（果糖）などの単糖は，アルコール発酵によって二酸化炭素と[**Ⓑ**　　　]になる。

3 デンプン水溶液にヨウ素溶液を加えて呈色する反応はヨウ素デンプン反応と呼ばれ，ヨウ素やデンプンの検出に使われる。[**Ⓒ**　　　]は，動物の肝臓や筋肉に蓄えられる多糖類で，動物デンプンとも呼ばれる。

4 セッケンは弱酸と強塩基からなる塩なので，加水分解して弱塩基性を示すが，合成洗剤は強酸と強塩基からなる塩なので，加水分解を受けず中性を示すので中性洗剤とも呼ばれる。

5 核酸には，遺伝情報を蓄積する DNA（デオキシリボ核酸）とタンパク質合成に関わる RNA（リボ核酸）があり，構造上の主な違いは次の図のようになる。

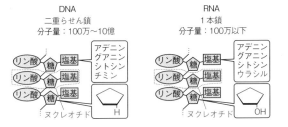

DNA 内にあるアデニンとチミン，グアニンとシトシンがそれぞれ[**Ⓓ**　　　]結合で塩基対をつくり二重らせん構造をとる。DNAには 4 種類の塩基の配列順序によって遺伝情報が記録されている。

Point

☐ ヒトの生体を構成するアミノ酸は 20 種類あり，そのうち 8 種類は体内で十分に合成できないか全く合成できず，食物から摂取する必要があるため，必須アミノ酸と呼ばれる。

☐ お湯に浸けたデンプンは溶性部分のアミロースと不溶性部分のアミロペクチンに分けられる。うるち米にはアミロースが 2 割程度含まれるが，もち米はほとんどがアミロペクチンである。

Ⓐ：酵素，Ⓑ：エタノール，Ⓒ：グリコーゲン，Ⓓ：水素

プラスチック（合成樹脂）の性質

プラスチック（合成樹脂）に関する説明として，最も妥当なのはどれか。

平成29年度
警察官

1 ~~熱硬化性樹脂~~は付加重合で合成されるものが多く，成型や加工はしやすいが，
熱可塑性樹脂
機械的強度や耐熱性はさほど大きくない。代表的なものとしてポリエチレンが

あり，ポリ袋やラップフィルムなどに用いられる。

2 ~~熱可塑性樹脂~~は付加縮合で合成されるものが多く，硬く耐熱性には優れるが，
熱硬化性樹脂
いったん硬化したものは再び成型や加工はできない。代表的なものとしてフェ

ノール樹脂があり，配電盤やソケットなどに用いられる。

3 ~~メラミン樹脂~~は尿素とホルムアルデヒドを付加縮合させると得られ，電気絶縁
尿素樹脂
性，耐薬品性に富み，透明で着色性にも優れるので，電気器具や日用雑貨など

に用いられる。

4 アルキド樹脂は多価カルボン酸と多価アルコールとの反応で得られ，代表的な

ものとしてグリプタル樹脂があり，塗料や接着剤などに用いられる。

5 イオン交換樹脂は溶液中のイオンを別のイオンと交換する働きを持つ合成樹脂

であり，酸性の官能基を導入したものを ~~陰イオン~~ 交換樹脂，塩基性の官能基を
陽イオン
導入したものを ~~陽イオン~~ 交換樹脂という。用途として，海水から飲料水を作る
陰イオン
のに用いられる。
↪海水から飲料水を作る際には味の調整で
用いられ，塩分を取り除くには別の方法
が用いられることが多い

警察官

1 熱硬化性樹脂は加熱によって重合され，耐熱性を持っているため，いったん硬化すると成型や加工が難しい。一方，熱可塑性樹脂は耐熱性が【Ⓐ　　　】が，代わりに成型や加工がしやすい。

2 熱可塑性樹脂の「可塑」とは，「柔らかくて形を変えやすい」という意味である。

3 尿素とホルムアルデヒドの付加縮合によって作られる合成樹脂は，【Ⓑ　　　】である。【Ⓑ　　　】の性質は，電気器具に用いるときに必須の電気絶縁性（電気を通さない性質）を持ち，耐薬品性も持つ。また，透明で着色性に優れるため，ボタンなどの日用雑貨に用いられる。一方，メラミン樹脂は【Ⓒ　　　】と【Ⓓ　　　】を付加縮合して得られたものである。尿素樹脂よりも硬度が高く，衝撃に強い。こちらも電気絶縁性を持つ。

4 正しい。アルキド樹脂は，原料の一つに【Ⓔ　　　】を持ち，それが「アルキド」の語源ともいわれている。多価カルボン酸には，フタル酸などが用いられる。また，グリプタル樹脂の「グリプタル」は，主原料である【Ⓕ　　　】（多価アルコールの一つ）とフタル酸から名づけられている。

5 陽イオンを交換する機能を持てば陽イオン交換樹脂，陰イオンを交換する機能を持てば陰イオン交換樹脂である。陽イオンを交換するには，陽イオンである水素イオン（H^+）を多く持つ【Ⓖ　　　】の官能基を持たなければならない。例えば，陽イオン交換樹脂に電解質溶液（陽イオンも陰イオンも含んでいる）を通すと，溶液中の陽イオンは陽イオン交換樹脂に取り込まれ，逆に陽イオン交換樹脂に含まれていた陽イオンが放出され，結果的に陽イオンが水素イオンに交換される。このため，一定量のイオン交換を行うと，イオン交換の機能は失われる。

🔑 Point

- ☐ 樹脂は一つまたは複数の物質の重合で作られ，その原料が名前の由来となっていることが多い。

- ☐ 熱硬化性樹脂と熱可塑性樹脂は，熱に対して反対の性質を持ち，用途に応じて使い分けられている。

- ☐ 陽イオンと相性がよいのは酸性，陰イオンと相性がよいのは塩基性の官能基である。

Ⓐ：低い，Ⓑ：尿素樹脂，Ⓒ：メラミン，Ⓓ：ホルムアルデヒド，Ⓔ：アルコール，
Ⓕ：グリセリン，Ⓖ：酸性

生活に関連した物質

次のA～Dの記述のうち，適当なもののみをすべて挙げているのはどれか。

平成18年度
裁判所

A 酸素分子に紫外線を照射すると酸素原子3個からなるオゾン分子が発生する。

オゾンは，無色・無臭の気体であるが，殺菌作用が強く，人体にも有害である。
　　　　　特異臭・淡青色

しかし，上空のオゾン層は地球規模での殺菌効果を担っており，地球の生態系
　　　　　　　　　　　　　　　　　紫外線吸収

を保つ上で重要である。

B 生体を形作るタンパク質は，20種類ほどのL型アミノ酸が脱水縮合してでき

た高分子である。ビタミンB群やビタミンCなどのビタミン類，さらには女

性ホルモンの一つであるエストロゲンもタンパク質でできており，生命活動に
　　　　　　　　　　　　　　　　　　ともにタンパク質ではない

直接関係する重要な役割を担っている。

C 食品中に含まれる脂肪は，植物性，動物性を問わず，3価アルコールであるグ

リセリンの高級脂肪酸エステルである。脂肪に水酸化ナトリウム水溶液を加え

て加水分解するとセッケンが得られる。こうして作られたセッケンを水に溶か

すと，弱いアルカリ性を示す。

D アルミナの電気分解により製造されるアルミニウムは，軽い上に伝導性が高く，

最近では高圧送電線にも使われている。アルミナの結晶のうち，不純物として

微量に含まれたクロムにより濃い赤色になったものがルビーであり，鉄とチタ

ンにより青色になったものがサファイヤである。

1 …… A，B

2 …… A，D

3 …… B，C

4 …… B，D

5 …… C，D

A オゾンに殺菌効果はあっても，地球外から菌が降り注いできてオゾン層を通過しようとしているわけではないことから，「オゾン層は地球規模での殺菌効果を担って」は誤りと判断できる。

　　オゾンは，酸素に紫外線を当てるか，酸素中で【**Ⓐ**　　　　】を行うと生成される，特異臭がする淡青色の気体である。オゾン層中のオゾンは，生物にとって有害な紫外線を吸収しているが，冷蔵庫などに使用されていた【**Ⓑ**　　　　　　】などがオゾン層を破壊していることが問題となり，フロンガスの排出が規制された。

B 炭水化物・タンパク質・油脂が三大栄養素であり，ビタミンは三大栄養素に含まれていないことから判断できる。

　　三大栄養素に，ビタミンと【**Ⓒ**　　　　　】（無機質）を加えて五大栄養素といわれることがある。ビタミンは，体内の代謝や生理機能を円滑にするための有機化合物で，ビタミンの摂取量が不足すると，それぞれのビタミンに特徴的な【**Ⓓ**　　　　　】を引き起こす。ホルモンは，体内の特定の器官で作られた後，血液によって別の器官に運ばれて生理作用を及ぼす物質で，インスリンのようなタンパク質のものと，エストロゲンのようなステロイドのものがある。

C 正しい。脂肪を構成する高級脂肪酸 R−COOH には，R（炭化水素基）部分がすべて単結合の【**Ⓔ**　　　　　】と，二重結合が含まれる【**Ⓕ**　　　　　】がある。常温で固体の脂肪には，【**Ⓔ**　　　　】が比較的多く含まれる。

D 正しい。アルミニウムは，地殻中に酸素，ケイ素に次いで多く存在しているが，単体ではなく化合物の形で存在している。そのため，原料の鉱石である【**Ⓖ**　　　　　】から純粋な酸化アルミニウム Al_2O_3 であるアルミナを取り出し，融解塩電解をして単体のアルミニウムを製造する。酸化アルミニウムの結晶は非常に硬く研磨剤として使われるほか，含まれる微量の不純物の種類によってルビーやサファイアなどの色の異なる宝石となる。

🔑 Point

☐ オゾンは，酸素に紫外線を当てたり，酸素中の放電で生成される，特異臭・淡青色の有毒気体である。

☐ オゾン層のオゾンは，生物に有害な紫外線を吸収している。

☐ ルビーやサファイアは，酸化アルミニウム（アルミナ）の結晶にクロムや鉄・チタンなどの不純物が混じったものである。

Ⓐ：放電，**Ⓑ**：フロン（クロロフルオロカーボン），**Ⓒ**：ミネラル，**Ⓓ**：欠乏症，**Ⓔ**：飽和脂肪酸，
Ⓕ：不飽和脂肪酸，**Ⓖ**：ボーキサイト

身近な材料

身近な材料に関する次の記述のうち，
最も妥当なのはどれか。

平成30年度
地方上級

1 プラスチックは，石油などに含まれる有機物を原材料として作られる高分子化合物であり，成形や加工が容易なため，身の回りで多用されている。炭素繊維強化プラスチックは，軽くて丈夫なため，航空機の主要構造材料として使われている。

2 アルミニウムは，鉄と比べると ~~重い~~ 金属であるが，さびにくく加工しやすいた
軽い
め，建材などに用いられている。~~ボーキサイトを溶鉱炉でコークスとともに加~~
➡電気分解によって精製され，溶鉱炉でコークスと
~~熱して得られる。~~   ともに加熱することはない

3 セラミックスは，無機材料を加熱することなく高圧で圧縮成形して作られる。
~~柔軟性に富み，金属よりも衝撃に強いため，刃物や人工骨などに用いられる。~~
➡一般的に非常に硬く，金属よりも柔軟性に欠けるため，衝撃に弱い

4 半導体は，~~銀や銅よりも導電性が高い物質であり，~~ 集積回路の導線として使わ
➡普段は電気を通さないが，エネルギーを与えると電気を通すようになる
れている。代表的な半導体にはシリコンやゲルマニウムがあり，~~柔軟性が高い~~

ため，~~送電線などへの利用も進んでいる。~~
➡半導体の性質から送電線には利用されない

5 水銀や鉛は，ほかの金属より融点が低く，~~めっきやはんだに用いられる。~~ ~~スズ~~
➡めっきに用いられる金属は亜鉛やスズで，はんだに用いられる金属はスズと鉛の合金
~~や亜鉛などの人体に有害な物質の規制が強化されたため，~~ それらの代替材とし
➡人体に有害な物質として規制が強化されたのは水銀や鉛である
ての利用が増えている。

解 説 ┃ 難易度 ★★★ ┃ 重要度 ★★★

1 正しい。合成高分子のうち，熱や圧力を加えると成形や加工ができるものを【**Ⓐ**　】という。加熱すると軟化して成形できるが，冷えると硬化する熱可塑性樹脂は，水道管や接着剤，大型水槽などに用いられている。一方，加熱しても軟化せずに分解する熱硬化性樹脂は，基盤やコンセント，油性塗料などに用いられている。

2 アルミニウムは，地殻中に酸素，【**Ⓑ**　】に次いで多量に存在する。アルミニウムと銅，マグネシウムなどの合金を【**Ⓒ**　】といい，軽くて丈夫なため，航空機などに用いられる。アルミニウムは，まずボーキサイトと呼ばれる鉱物から不純物を取り除いたアルミナと呼ばれる酸化アルミニウムをつくり，アルミナを溶解させたものに電流を流すことで，アルミニウムの単体が製造される。

3 非金属の無機物質を熱処理してつくった製品をセラミックスという。種類としては，陶磁器，ガラス，セメントなどがある。これら従来型のセラミックスは，日常的な道具に幅広く利用されているが，衝撃にもろい，急激な温度変化に弱い，加工しにくいといった欠点があった。ファインセラミックスはその欠点を改善したもので【**Ⓓ**　】ともいう。刃物や医療用材料，圧電素子などに利用されている。

4 ケイ素やゲルマニウムの単体は，低温では抵抗率が大きく，電気を通しにくいが，温度が上がると抵抗率が小さくなり，電気を通すようになる。このような不純物を含まない半導体を真性半導体という。

5 ほかの金属で表面を被覆することをめっきという。めっきは表面を美しくするほか，腐食を防ぎ，耐久性も高める。鉄板にスズをめっきしたものを【**Ⓔ**　】という。スズのほうが鉄よりもイオン化傾向が小さいため，【**Ⓔ**　】は鉄板だけのときよりもさびにくい。地球環境や人体への影響から，水銀，鉛，カドミウムなどの使用は制限されつつある。スズと鉛の合金であるはんだは，融点が低く，古くから電気配線のろう付けに用いられている。

🔑 Point

- ☐ アルミニウムを鉱物から製造するとき，多量の電力が必要であるが，リサイクルによって単体を製造する場合は，その約3%の電力で済む。

- ☐ 鉛は鉛ガラス（放射線遮蔽ガラス）の原料や，黄色の顔料，鉛蓄電池などに用いられている。

- ☐ 銅にスズを混ぜた合金を青銅（ブロンズ）といい，工芸品などに使われている。

Ⓐ：プラスチック（または合成樹脂），Ⓑ：ケイ素，Ⓒ：ジュラルミン，
Ⓓ：ニューセラミックス，Ⓔ：ブリキ

身の回りの化学物質

身の回りの化学物質に関する記述として最も妥当なのはどれか。

令和元年度
国家総合職

1 シリカゲルは，乾燥剤などに使われている。乾燥剤のシリカゲルには，吸湿の状態がわかるように塩化コバルト（Ⅱ）で着色されたものがあり，吸湿すると~~淡赤色から青色~~に変化する。また，吸湿したシリカゲルから~~水分を取り除くこ~~
青色から淡赤色
~~とはできず，吸湿したシリカゲルを乾燥剤として再利用することはできない。~~
➡シリカゲルは乾燥させれば再利用できる

2 硫酸は，自動車のバッテリーなどの鉛蓄電池に使われている。鉛蓄電池の電解液に用いられる~~発煙硫酸は，工業的に作られた濃硫酸を水で希釈することで得~~
➡鉛蓄電池に使用されるのは希硫酸。発煙硫酸は濃硫酸を作る過程で生じる物質
~~られるが，~~実験室において濃硫酸を水で希釈する場合には，濃硫酸と水が混ざる際に熱が発生して温度が急激に上昇するため，濃硫酸に対して，~~水を一度に~~
大量の水に濃硫酸を少しずつ混ぜて
~~加える~~必要がある。
希釈する

3 テレフタル酸は，衣料やペットボトルの原料などに使われている。テレフタル酸の多数の分子どうしを凝縮させた高分子のポリエチレンテレフタラートは，
とエチレングリコールを重合
~~アクリル繊維~~であり，合成繊維として衣料などに用いられるほか，無色透明で
ポリエステル系繊維
軽く，強度が大きいなどの特徴を生かしてペットボトルにも用いられている。

4 セッケンは，身体用，洗濯用の洗剤などに使われている。セッケンの分子は，疎水性の部分と親水性の部分を持ち，一定濃度以上で水に溶かすと，疎水性の部分を~~外側~~に，親水性の部分を~~内側~~にして~~ポリマー~~と呼ばれる集合体を形成す
会合コロイドまたはミセルコロイド
るが，繊維などに付着した油汚れに触れると，疎水性の部分がこれを取り囲んで引き剥がし，水溶液中に分散させる作用がある。

❺ サリチル酸は，解熱鎮痛剤や湿布薬の原料などに使われており，ヒドロキシ基とカルボキシ基の2つの官能基を持つ。ある化合物を作用させてサリチル酸のヒドロキシ基を反応させると，解熱鎮痛剤に用いられるアセチルサリチル酸が生じ，また，別の化合物を作用させてサリチル酸のカルボキシ基を反応させると，湿布薬に用いられるサリチル酸メチルが生じる。

難易度 ★★　重要度 ★★★

1 自然界に存在している珪砂（主に二酸化ケイ素の共有結合結晶）に水酸化ナトリウムまたは炭酸ナトリウムを加えて加熱すると，ケイ酸ナトリウムが得られる。ケイ酸ナトリウムに水を加え，オートクレーブ（耐圧がま）中で加熱すると，粘性の大きな液体の水ガラスになる。水ガラスの溶液に希塩酸を加えるとゲル状のケイ酸が生じ，水洗いしたあと乾燥させるとシリカゲルができる。

2 鉛蓄電池は希硫酸を溶液として，電極に鉛板と酸化鉛（IV）を用いた【**A**　　　】である。硫酸は水への溶解熱が大きく，濃硫酸を水に溶かすと多量の熱が発生する。そのため，希硫酸を作るときは，冷却しながら多量の水に濃硫酸を少しずつ注ぐ。

3 綿や麻などの植物繊維と羊毛や絹などの動物繊維は【**B**　　　】と呼ばれる。一方，主に石油を原料としたものを【**C**　　　】という。エステル結合によって繊維状に長く連なった構造を持つ【**C**　　　】は【**D**　　　】といい，耐日光性に優れ，乾きやすいが，静電気を起こしやすい。

4 高級脂肪酸のナトリウム塩は，水に混ざりやすい親水基と水に混ざりにくい疎水基に分かれており，水の表面では親水性の部分を水中（下向き）に，疎水性の部分を空気中（上向き）に向けて並んでいる。水中では疎水性の部分を内側に，親水性の部分を外側（水中側）に向けて【**E**　　　】を形成している。

5 正しい。ベンゼンのH原子の2つの，1つがヒドロキシ基，1つがカルボキシ基となり，互いに隣り合っているものをサリチル酸という。カルボキシ基はメタノールと反応してサリチル酸メチルを生じ，消炎剤として，また，ヒドロキシ基は無水酢酸と反応してアセチルサリチル酸を生じ，解熱鎮痛剤としての薬効作用を持つ。

Point

□ シリカゲルは乾燥剤や吸湿剤として利用され，再利用可能である。

□ マンガン乾電池やアルカリマンガン電池のように，放電し続けると起電力が低下し，回復できない電池を一次電池という。また，鉛蓄電池やリチウムイオン電池のように，放電時と逆向きに外部から電流を流すと起電力を回復できる電池を二次電池という。

□ 油汚れにセッケンを用いると，セッケンの分子の疎水性の部分が油のほうを向き，親水性の部分が水のほうを向いて油を取り囲む。

A：二次電池，**B**：天然繊維，**C**：合成繊維，**D**：ポリエステル系繊維，
E：会合コロイドまたはミセルコロイド

エネルギー源となる化学物質

私たちの生活でエネルギー源として利用され
ている化学物質に関する記述として
最も妥当なのはどれか。

平成22年度
国税専門官

1 原油を加熱し，沸点の違いによって成分を分けることを分留という。最も低い

沸点で留出されるものを~~軽油~~といい，軽油はディーゼルエンジンの燃料になる。
　　　　　　　　　　　　石油ガス

~~最も高い沸点で留出されるものを重油といい，重油は~~ジェット機の燃料などに
　　残油の蒸留から得られる　　　　　　　　　ボイラーや船舶用のディーゼルエンジン

利用される。

2 配管によって供給される都市ガスには，メタンを主成分とする天然ガスが利用

されており，これは空気より軽い。一方，ボンベによって供給されるプロパン

ガスは，石油を精製する過程などで得られ，これは空気より重い。

3 バイオエタノールは，石油系燃料に比べて，環境負荷が少なく，製造コストも

割安といった利点があるが，エタノールが水と結びつくため，ガソリンなどの

石油系燃料と~~混合して使用することができないという制約がある~~。
　　　　　　　混合して使用されている

4 原子力発電では，ウランの~~核融合~~しやすい性質を利用するが，天然ウランのま
　　　　　　　　　　　　　核分裂

までは，~~核融合が爆発的に起こってしまうことがある~~。そこで，適度な頻度で
　　　　　核分裂の連鎖反応を起こしにくい

~~核融合が起こるようにした~~MOX ~~料~~を製造し，燃料として使用している。
　核分裂　　　　　　　　低濃縮ウラン燃料

5 燃料電池とは，水素と酸素の化学反応から電気エネルギーを得る装置であり，

直接の燃料としては，~~水~~を用いることが多い。そのため，燃料の安定供給が可
　　　　　　　　　水素

能であり，環境負荷が少ないエネルギー源としても期待されている。
　➡生成物は水だけでクリーンである

解説

難易度 ★★★　重要度 ★★

1 軽油は重油に対して"軽"ということで、最も沸点が低いわけではない。原油は、炭素数がおよそ40以下の炭化水素の混合物で、分留によって精製度が高い有用な物質に分けられる。

	沸点（℃）	用途
石油ガス	～30	燃料（液化石油ガス）
ナフサ	30～180	【**A**　　　　】の原料
灯油	180～250	家庭用燃料、ジェット燃料
軽油	250～320	ディーゼルエンジンの燃料
残油	（残留物）	→蒸留で重油、アスファルトなど

2 正しい。メタン CH_4 の分子量は約16で、空気の平均分子量約29よりも小さい。プロパンガスは、プロパン C_3H_8 やブタン C_4H_{10} など、空気の平均分子量よりも分子量の大きい炭化水素が成分である。液化【**B**　　　　】ガス（LPG）とも呼ばれる。

3 バイオエタノール（バイオマスエタノール）は、サトウキビやトウモロコシなどの植物を発酵させてできるエタノールで、特に燃料として使われるものをいう。バイオエタノールは、小さい比率であればガソリンと混合して使うことが可能であり、より比率を上げた燃料が使用できる自動車の製造も増えている。

4 原子力発電での反応は、核融合ではなく核分裂であることから、誤りとわかる。天然に存在するウランには、核分裂を起こしやすいウラン235はわずかしか含まれていない。現在主流の軽水炉では、核分裂の連鎖反応を起こして発電するので、ウラン235の濃度を高めた【**C**　　　　】が必要となる。また、使用済み燃料に含まれるプルトニウムで核分裂を起こすことも可能であり、これを利用するためにつくられる燃料がMOX燃料である。

5 水素と酸素を反応させると水ができることから、水が直接の燃料にならないことがわかる。燃料電池では、水の【**D**　　　　】の逆反応によりエネルギーを得る。

Point

□ 都市ガスにはメタンが主成分の天然ガスが利用されている。天然ガスは空気よりも軽く、液化するには冷却圧縮が必要である。

□ プロパンガスは、液化石油ガス（LPG）とも呼ばれ、プロパンやブタンが主成分で、室温で圧縮して液化できる。

A：ガソリン、**B**：石油、**C**：濃縮ウラン、**D**：電気分解

物質の分離

物質に関する記述として最も妥当なのはどれか。

平成28年度
国家総合職

1 液体とその液体に溶けていない固体の混合物を，ろ紙などを用いてこし分ける
方法を~~抽出~~という。また，溶媒に溶ける物質の量が温度によって変化すること
　　　　ろ過
を利用して，目的とする物質を析出させて不純物を除く操作を~~昇華~~という。~~た~~
　　　　　　　　　　　　　　　　　　　　　　　　　　　　　　　　再結晶
~~とえば，~~ヨウ素と塩化ナトリウムの混合物を~~水に溶かしたものから，~~昇華を利
　　　　　　　　　　　　　　　　　　　　　加熱すると
用して，純粋なヨウ素を分離することができる。

2 水溶液中の金属イオンが沈殿を生成したり，溶解したりする反応を利用して，
金属イオンの混合水溶液から，金属イオンを分離することができる。~~リチウム~~
　　　　　　　　　　　　　　　　　　　　　　　　　　　　　銅や銀
などの~~アルカリ~~金属の水溶液は硫化水素を通じることで，黒色沈殿を生じる。
また，炎色反応を利用して，含まれている元素の種類を知ることができ，銅は
~~赤色~~，カルシウムは~~黄色~~を示す。
青緑色　　　　　　　　　橙赤色

3 沸点の異なる2種類以上の液体からなる混合物を，成分物質のわずかな沸点の
差を利用して，適当な温度範囲に分けて蒸留することにより，分離することが
できる。この操作は分留と呼ばれ，たとえば，エタノールと水の混合物を加熱
した場合，~~水~~が先に分離される。また，この方法は，石油の精製にも利用され
　　　　　　エタノール
ており，ガソリンは，重油より~~高い~~温度で分離される。
　　　　　　　　　　　　　　　低い

4 アルコールに複数の色素を混ぜて溶かし，ろ紙に滴下した後，ろ紙の端を溶媒
に浸すと，溶媒がろ紙を伝って広がる。その際，~~赤色は速く，紫色は遅く移動~~
　　　　　　　　　　　　　　　　　　　色素によって移動速度が違う
~~する~~ので，色素を分離することができる。この分離方法を，クロマトグラフィー
という。クロマトグラフィーは，~~無色の物質には適さず，専ら色素成分の分離~~
　　　　　　　　　　　　　　　　発色試薬，紫外線ランプなどを使用することで無色の
~~に利用されている。~~　　　　　　　物質の分離にも利用できる

⑤ 有機化合物の中には，不斉炭素原子と結合している官能基などの立体配置の違
いにより，互いに重ね合わせることのできない1対の異性体が存在するものが
ある。これらを鏡像異性体（光学異性体）といい，鏡像異性体には，生体に対
する作用が異なり，その一方のみが有用で，他方は害になるという場合がある。
そこで，一方の鏡像異性体だけを選択的に合成する手法が開発された。

解 説 難易度 ★★★ 重要度 ★★

1 [**Ⓐ**   ]とは，溶媒への溶けやすさの違いを利用して物質を分離する方法である。たとえば，お茶にブタノールを加えて混ぜたときに水層とブタノールの層に分かれるが，葉緑素は水よりもブタノールによく溶けるので葉緑素はブタノールの層に分離される。昇華とは固体が液体を経ずに直接気体に変化すること（またはその逆）をいうが，昇華しやすい物質を含む混合物を加熱すれば昇華して気体となった物質を分離できるので，物質の分離方法を指す場合もあり昇華法とも呼ばれる。

2 銀や鉛のイオンを含む水溶液に[**Ⓑ**   ]を加えると，塩化銀や塩化鉛（Ⅱ）の白色沈殿ができるので，ろ過すればろ紙に沈殿が残って銀や鉛を分離できる。ナトリウムなどのアルカリ金属のイオンは沈殿をつくりにくいが，ろ過によって沈殿を除いていったときに最後の[**Ⓒ**   ]に残るので，炎色反応で確認できる。

3 エタノールと水の混合物を加熱していくと，沸点が78℃の[**Ⓓ**   ]が先に蒸発して分離される。石油を分留すると，ガソリンを含むナフサの沸点が30〜180℃と低いので先に分離され，次に沸点180〜250℃の灯油，沸点250〜320℃の軽油と分離されていき，最後に重油などが残る。

4 色素のろ紙に吸着する力が弱いほど，溶媒への溶解度が大きいほど移動速度が大きくなり長い距離を移動する。この距離の違いによって色素が分離できる。

5 正しい。生体に対する作用が鏡像異性体によって異なる例として，医薬品のサリドマイドや人工甘味料のアスパルテームなどがある。

🔑Point

☐ 混合物から純物質を取り出すことを分離といい，取り出した純物質から不純物を除いて純度を高めることを精製という。

☐ 通常の化学反応で合成すると両方の鏡像異性体が等量混ざってしまうが，野依良治らは一方だけを優先的に合成する方法を発見し2001年にノーベル化学賞を受賞した。

Ⓐ：抽出，**Ⓑ**：希塩酸，**Ⓒ**：ろ液，**Ⓓ**：エタノール

●本書の内容に関するお問合せについて

本書の内容に誤りと思われるところがありましたら，まずは小社ブックスサイト（jitsumu.hondana.jp）中の本書ページ内にある正誤表・訂正表をご確認ください。正誤表・訂正表がない場合や，正誤表・訂正表に該当箇所が掲載されていない場合は，書名，発行年月日，お客様のお名前・連絡先，該当箇所のページ番号と具体的な誤りの内容・理由等をご記入のうえ，郵便，FAX，メールにてお問合せください。

〒163-8671　東京都新宿区新宿1-1-12　実務教育出版　第二編集部問合せ窓口
FAX：03-5369-2237　　　E-mail：jitsumu_2hen@jitsumu.co.jp

【ご注意】

※電話でのお問合せは，一切受け付けておりません。

※内容の正誤以外のお問合せ（詳しい解説・受験指導のご要望等）には対応できません。

編集協力	群企画／エディポック
カバーデザイン	サイクルデザイン
本文デザイン	サイクルデザイン
イラスト	アキワシンヤ

上・中級公務員試験

過去問ダイレクトナビ 物理・化学

2021年12月10日　初版第1刷発行

編者●資格試験研究会
発行者●小山隆之
発行所●株式会社 実務教育出版
〒163-8671　東京都新宿区新宿1-1-12
TEL●03-3355-1812（編集）　03-3355-1951（販売）
振替●00160-0-78270

組版●群企画／エディポック　印刷●文化カラー印刷　製本●ブックアート

[公務員受験BOOKS]

実務教育出版では、公務員試験の基礎固めから実戦演習にまで役に立つさまざまな入門書や問題集をご用意しています。過去問を徹底分析して出題ポイントをピックアップし、すばやく正確に解くテクニックを伝授します。あなたの学習計画に適した書籍を、ぜひご活用ください。

なお、各書籍の詳細については、弊社のブックスサイトをご覧ください。

https://www.jitsumu.co.jp

人気試験の入門書

何から始めたらよいのかわからない人でも、どんな試験が行われるのか、どんな問題が出るのか、どんな学習が有効なのかが1冊でわかる入門ガイドです。「過去問模試」は実際に出題された過去問でつくられているので、時間を計って解けば公務員試験をリアルに体験できます。

★「公務員試験早わかりブック」シリーズ [年度版]※ ●資格試験研究会編

地方上級試験 早わかりブック

市役所試験 早わかりブック

警察官試験 早わかりブック

消防官試験 早わかりブック

社会人 が受けられる**公務員試験** 早わかりブック

高校卒 で受けられる**公務員試験** 早わかりブック
[国家一般職(高卒)・地方初級・市役所初級等]

社会人基礎試験 早わかり問題集

市役所新教養試験 Light & Logical 早わかり問題集

公務員試験で出る**SPI・SCOA** 早わかり問題集
※本書のみ非年度版 ●定価1430円

過去問正文化問題集

問題にダイレクトに書き込みを加え、誤りの部分を赤字で直して正しい文にする「正文化」という勉強法をサポートする問題集です。完全な見開き展開で書き込みスペースも豊富なので、学習の能率アップが図れます。さらに赤字が消えるセルシートを使えば、問題演習もバッチリ!

★上・中級公務員試験「過去問ダイレクトナビ」シリーズ [年度版] ●資格試験研究会編

過去問ダイレクトナビ **政治・経済**

過去問ダイレクトナビ **日本史**

過去問ダイレクトナビ **世界史**

過去問ダイレクトナビ **地理**

過去問ダイレクトナビ **物理・化学**

過去問ダイレクトナビ **生物・地学**

一般知能分野を学ぶ

一般知能分野の問題は一見複雑に見えますが、実際にはいくつかの出題パターンがあり、それに対する解法パターンが存在しています。基礎から学べるテキスト、解説が詳しい初学者向けの問題集、実戦的なテクニック集などで、さまざまな問題に取り組んでみましょう。

標準 判断推理 [改訂版]
田辺 勉著●定価2310円

標準 数的推理 [改訂版]
田辺 勉著●定価2200円

判断推理がみるみるわかる**解法の玉手箱** [改訂第2版]
資格試験研究会編●定価1540円

数的推理がみるみるわかる**解法の玉手箱** [改訂第2版]
資格試験研究会編●定価1540円

判断推理 必殺の解法パターン [改訂第2版]
鈴木清士著●定価1320円

数的推理 光速の解法テクニック [改訂版]
鈴木清士著●定価1175円

空間把握 伝説の解法プログラム
鈴木清士著●定価1210円

資料解釈 天空の解法パラダイム
鈴木清士著●定価1760円

文章理解 すぐ解ける〈直感ルール〉ブック [改訂版]
瀧口雅仁著●定価1980円

公務員試験 **無敵の文章理解メソッド**
鈴木鋭智著●定価1540円

年度版の書籍については、当社ホームページで価格をご確認ください。https://www.jitsumu.co.jp/

公務員試験に出る専門科目について、初学者でもわかりやすく解説した基本書の各シリーズ。
「はじめて学ぶシリーズ」は、豊富な図解で、難解な専門科目もすっきりマスターできます。

はじめて学ぶ **政治学**
加藤秀治郎著●定価1175円

はじめて学ぶ **国際関係** [改訂版]
高瀬淳一著●定価1320円

はじめて学ぶ **ミクロ経済学** [第2版]
幸村千佳良著●定価1430円

はじめて学ぶ **マクロ経済学** [第2版]
幸村千佳良著●定価1540円

どちらも公務員試験の最重要科目である経済学と行政法を、基礎から応用まで詳しく学べる本格的な
基本書です。大学での教科書採用も多くなっています。

経済学ベーシックゼミナール
西村和雄・八木尚志共著●定価3080円

経済学ゼミナール 上級編
西村和雄・友田康信共著●定価3520円

新プロゼミ行政法
石川敏行著●定価2970円

苦手意識を持っている受験生が多い科目をピックアップして、初学者が挫折しがちなところを徹底的
にフォロー！やさしい解説で実力を養成する入門書です。

最初でつまずかない経済学 [ミクロ編]
村尾英俊著●定価1980円

最初でつまずかない経済学 [マクロ編]
村尾英俊著●定価1980円

最初でつまずかない民法Ⅰ [総則／物権 担保物権]
鶴田秀樹著●定価1870円

最初でつまずかない民法Ⅱ [債権総論・各論 家族法]
鶴田秀樹著●定価1870円

最初でつまずかない行政法
吉田としひろ著●定価1870円

最初でつまずかない数的推理
佐々木 淳著●定価1870円

ライト感覚で学べ、すぐに実戦的な力が身につく過去問トレーニングシリーズ。地方上級・市役所・
国家一般職［大卒］レベルに合わせて、試験によく出る基本問題を厳選。素早く正答を見抜くポイン
トを伝授し、サラッとこなせて何度も復習できるので、短期間での攻略も可能です。

★公務員試験「スピード解説」シリーズ 資格試験研究会編●定価1650円

スピード解説 **判断推理**
資格試験研究会 編 結城順平執筆

スピード解説 **数的推理**
資格試験研究会 編 永野龍彦執筆

スピード解説 **図形・空間把握**
資格試験研究会 編 永野龍彦執筆

スピード解説 **資料解釈**
資格試験研究会 編 結城順平執筆

スピード解説 **文章理解**
資格試験研究会 編 饗庭 悟執筆

スピード解説 **憲法**
資格試験研究会 編 鶴田秀樹執筆

スピード解説 **行政法**
資格試験研究会 編 吉田としひろ執筆

スピード解説 **民法Ⅰ** [総則／物権 担保物権][改訂版]
資格試験研究会編 鶴田秀樹執筆

スピード解説 **民法Ⅱ** [債権総論・各論 家族法][改訂版]
資格試験研究会編 鶴田秀樹執筆

スピード解説 **政治学・行政学**
資格試験研究会編 近 裕一執筆

スピード解説 **国際関係**
資格試験研究会編 高瀬淳一執筆

スピード解説 **ミクロ経済学**
資格試験研究会編 村尾英俊執筆

スピード解説 **マクロ経済学**
資格試験研究会編 村尾英俊執筆

選択肢ごとに問題を分解し、テーマ別にまとめた過去問演習書です。見開き2ページ完結で読みや
すく、選択肢問題の「引っかけ方」が一目でわかります。「暗記用赤シート」付き。

一問一答 **スピード攻略 社会科学**
資格試験研究会編●定価1430円

一問一答 **スピード攻略 人文科学**
資格試験研究会編●定価1430円

重要科目の基本書

基本問題中心の過去問演習書

過去問演習を通して実戦力を養成

要点整理＋理解度チェック

近年の過去問の中から500問（大卒警察官は350問）を精選。実力試しや試験別の出題傾向、レベル、出題範囲を知るために最適の「過去問&解説」集です。最新の出題例も収録しています。

★公務員試験 「合格の500」シリーズ [年度版] ●資格試験研究会編

国家総合職 教養試験過去問500	**地方上級** 教養試験過去問500
国家総合職 専門試験過去問500	**地方上級** 専門試験過去問500
国家一般職[大卒] 教養試験過去問500	**東京都・特別区**[Ⅰ類] 教養・専門試験過去問500
国家一般職[大卒] 専門試験過去問500	**市役所上・中級** 教養・専門試験過去問500
国家専門職[大卒] 教養・専門試験過去問500	**大卒警察官** 教養試験過去問350
大卒・高卒 消防官 教養試験過去問350	

短期間で効率のよい受験対策をするために、実際の試験で問われる「必須知識」の習得と「過去問演習」の両方を20日間で終了できるよう構成した「テキスト+演習書」の基本シリーズです。20日間の各テーマには、基礎事項確認の「理解度チェック」も付いています。

★上・中級公務員試験 「20日間で学ぶ」シリーズ

◎教養分野
資格試験研究会編●定価1430円

20日間で学ぶ **政治・経済の基礎** [改訂版]	20日間で学ぶ **日本史・世界史**[文学・芸術]**の基礎** [改訂版]
20日間で学ぶ **物理・化学**[数学]**の基礎** [改訂版]	20日間で学ぶ **生物・地学の基礎** [改訂版]

◎専門分野
資格試験研究会編●定価1540円

20日間で学ぶ **憲法の基礎** [改訂版] 長尾一紘 編著	20日間で学ぶ **国際関係の基礎** [改訂版] 高瀬淳一 編著

国家一般職[大卒]・総合職、地方上級などの技術系区分に対応。「技術系スーパー過去問ゼミ」は頻出テーマ別の構成で、問題・解説に加えてポイント整理もあり体系的理解が深まります。「技術系〈最新〉過去問」は近年の問題をNo.順に全問掲載し、すべてに詳しい解説を付けています。

★上・中級公務員「技術系スーパー過去問ゼミ」シリーズ

技術系新スーパー過去問ゼミ **工学に関する基礎**(数学/物理) 資格試験研究会編 丸山大介執筆●定価3300円	技術系新スーパー過去問ゼミ **土木** 資格試験研究会編 丸山大介執筆●定価3300円
技術系新スーパー過去問ゼミ **化学** 資格試験研究会編●定価3300円	技術系スーパー過去問ゼミ **電気・電子・情報** 資格試験研究会編●定価3080円
技術系新スーパー過去問ゼミ **機械** 資格試験研究会編 土井正好執筆●定価3300円	技術系スーパー過去問ゼミ **農学・農業** 資格試験研究会編●定価3300円
技術系スーパー過去問ゼミ **土木** [補習編] 資格試験研究会編 丸山大介執筆●定価2970円	

★技術系〈最新〉過去問シリーズ [隔年発行]

技術系〈最新〉過去問 **工学に関する基礎**(数学/物理) 資格試験研究会編	技術系〈最新〉過去問 **土木** 資格試験研究会編

年度版の書籍については、当社ホームページで価格をご確認ください。https://www.jitsumu.co.jp/

［受験ジャーナル］

「受験ジャーナル」は、日本で唯一の公務員試験情報誌です。各試験の分析や最新の採用情報、合格体験記、実力を試す基礎力チェック問題など、合格に不可欠な情報をお届けします。令和4年度の採用試験に向けては、定期号6冊、特別企画5冊、別冊1冊を刊行する予定です（令和3年5月現在）。

定期号			
	4年度試験対応 vol.1	巻頭企画：合格・内定への5つの鉄則 徹底攻略：国家総合職、東京都	令和3年10月1日 発売予定
	4年度試験対応 vol.2	徹底攻略：特別区、裁判所 受験データバンク：地方上級①	令和3年11月1日 発売予定
	4年度試験対応 vol.3	徹底攻略：国家一般職 受験データバンク：地方上級②	令和4年1月1日 発売予定
	4年度試験対応 vol.4	特集：地方上級　試験分析＆出題予想 徹底攻略：国家専門職	令和4年2月1日 発売予定
	4年度試験対応 vol.5	特集：市役所　試験分析＆出題予想 試験データ：地方上・中級等試験実施結果	令和4年3月1日 発売予定
	4年度試験対応 vol.6	特集①：時事の予想問題　特集②：市役所事務系早見表 試験データ：市役所事務系試験実施結果	令和4年4月1日 発売予定

特別企画			
	特別企画① **学習スタートブック** 4年度試験対応		既 刊
	特別企画② **公務員の仕事入門ブック** 4年度試験対応		令和3年7月中旬 発売予定
	特別企画③ 4年度 **直前対策ブック**		令和4年2月中旬 発売予定
	特別企画④ 4年度 **面接完全攻略ブック**		令和4年3月中旬 発売予定
	特別企画⑤ 4年度 **直前予想問題**		令和4年3月下旬 発売予定

別冊			
	別 冊　4年度 **国立大学法人等職員採用試験攻略ブック**		令和3年12月上旬 発売予定